人間を磨く

人間関係が好転する「こころの技法」

田坂広志

光文社新書

目次

第二の「こころの技法」

自分から声をかけ、目を合わせる　66

第四の「こころの技法」　その相手を好きになろうと思う　116

第七の「こころの技法」 その出会いの意味を深く考える 190

人間関係が好転する「こころの技法」

「人間を磨く」とは、「非の無い人間」をめざすことではない

「人間を磨く」という言葉。

それは、誰もが惹かれる言葉であろう。

著者自身、若き日に惹かれた言葉でもある。

当時、人生論の古典などを読むと、「生涯を賭けて人間を磨き、人格の完成をめざす」といった言葉が心に響き、そうした思いを心の片隅に抱きながら、道を歩んできた。

「人間を磨く」という言葉。

それは、人生の経験を通じて、自分という人間を磨いていくこと。

あたかも、玉を磨いていくと、「曇り」や「汚れ」や「傷」が消えていくように、自分の人格を磨いていくと、「非」や「欠点」や「未熟さ」が消えていく。

その結果、磨かれた玉が光り輝き出すように、一人の人間として、自然に光り輝き出す。

そして、その光や輝きが、周りの人を惹きつけ、多くの人々が周りに集まってくれる。

「人間を磨く」という言葉には、そうした響きがある。


若き日に、この「人間を磨く」という言葉に惹かれ、心の片隅にこの言葉を抱きながら、六五年の歳月を生きてきた。

振り返れば、一人の未熟な人間ながら、ささやかな人間成長の道を歩んで来ることはできた。そして、素晴らしい人々との縁も得ることができ、共に歩む人生が与えられた。

しかし、自分自身を虚心に見つめれば、いまだ「人格の完成」には、ほど遠く、人間として多くの未熟さを抱えて生きていることを感じる。

世の中には、「**知識とは、風船の如きもの**」という比喩がある。

風船が膨らめば膨らむほど、外界と接する表面積が増えていくように、知識が増えれば増えるほど、未知と接する表面積が増えていく、分からないことが増えていくという喩えである。

されば、「**人間成長もまた、風船のごときもの**」なのかもしれない。

人間として成長すればするほど、人間としてめざすべき高みが見えてきて、自分の未熟さを痛切に感じるようになる。それも、一つの真実なのであろう。

それにしても、若き日に惹かれた「人間を磨き、人格の完成をめざす」という言葉を思い起こすとき、いまだ、その「人格の完成」には、ほど遠く、人間としての未熟さを抱えて生きている自分の姿が、そこに、ある。

そのことを嘆く思いになるとき、ふと、一つの言葉が心に浮かび、救われる。

浄土真宗の開祖、親鸞の言葉である。

「**心は蛇蝎(だかつ)のごとくなり**」

親鸞ほどの宗教的人物でも、歳を重ねてなお、「人間の心は、へび、さそりのごときものだ」と述べている。どれほど人間としての修行を積んで歩んでも、心の奥に未熟さを抱えて生きるのが人間の姿だと語っている。

もし、そうであるならば、心に一つの疑問が浮かぶ。

はたして、「人間を磨く」とは、「非の無い人間」や「欠点の無い人間」をめざすことなのだろうか？

いや、そうではない。実は、**人間は、自分の中に「非」や「欠点」や「未熟さ」を抱えたまま、周りの人々と良き人間関係を築いていくことができるのではないか？** その関係を通じて、良き人生を歩めるのではないか？

それが、六五年の歳月を生きてきた一人の人間の、率直な思いでもある。

それゆえ、**本書においては、「非や欠点の無い人間をめざして生きる」という視点ではなく、「非も欠点もある未熟な自分を抱えて生きる」という視点から、「人間を磨く」ということの意味を語り、そのための具体的な技法について語っていこう。**

しかし、その本題に入る前に、この「人間を磨く」という言葉とともに、多くの読者が心に抱く疑問に答えておこう。

それは、次の疑問である。

「世の中では、『人間を磨く』というと、
しばしば、『古典を読め』『古典を読んで人間力を身につけよ』と言われるが、
なぜ、古典を読んでも、なかなか『人間力』が身につかないのか？」

なぜ、「古典」を読んでも「人間力」が身につかないのか？

たしかに、「人間を磨く」という言葉を聞くと、「人間力」という言葉を思い浮かべる読者も多いだろう。

世の中では、魅力的な人物や優れた人物を評するとき、しばしば「人間力がある」という言葉を使う。それは、我々が身につけていくべき、いわば「**人間としての総合力**」であり、「**人間としての究極の力量**」を意味する言葉だからであろう。

そして、世の中では、「人間を磨く」とは、この「人間力」を身につけていくことであり、「人間力」を高めていくことであるとも言われる。

では、その「人間力」は、どのようにすれば身につけることができるのか？

その一つの方法として、多くの識者が薦めるのが、**古今東西の「古典」と呼ばれる書を読む**ことである。

また、「古典」そのものでなくとも、『古典に学ぶ人間力』といった類の「古典解説書」も世に溢れている。「古典」の一節を紹介し、分かり易く解説し、**「人間として、かくあるべし」という教訓**を語る書である。

さらに、古今東西の「賢人」の人生や言説を紹介し、**「このような優れた人物に、学ぶべし」という教え**を語る書も、世に多くある。

では、そうした書を読むことで、本当に、「人間力」が高まるのか？

実は、**「古典」を読んでも、なかなか、その「人間力」が身につかないと感じている読者は多い**のではないだろうか。

古典を読み、そこに書かれてある**「人間として、かくあるべし」**という**「理想的人間像」**に深く共感する。そして、その人間像に近づこうと、日々の仕事や生活において努力をする。しかし、すぐに人間としての未熟さが現れ、そうした人間像とは程遠い自分の姿を見て嘆息する。

こうした経験を持つ読者は、決して少なくないのではないか？

例えば、一人の経営者として、古典に書かれている「私心を去る」「利他の心で生きる」という言葉に共感する。しかし、日々の仕事に戻り、現実の問題に直面すると、当たり前のように、心の中に「自己中心的な自分」「計算高い自分」が現れてくる。

例えば、一人の親として、古典に書かれている「子供の可能性を信じる」という言葉に共感する。しかし、日々の生活に戻り、学校での子供の成績が下がったという現実に直面するだけで、心の中に「この子は、こんな勉強もできないのか」と嘆く自分が現れてくる。

実は、誰もが、そうした経験を持っているのではないか？

そして、こうした経験を繰り返すと、我々は、古典に書かれている「理想的人間像」に近づけない理由を、しばしば、「自分は、意志が弱い」「自分には、克己心が足りない」といった形で、自身の非力に求めてしまう。

しかし、実は、そうではない。

我々が、優れた「古典」を読んでも、なかなか「人間力」を身につけることができないのは、「意志が弱い」からでも、「克己心が足りない」からでもない。

その真の理由は、我々が、「古典」を読むとき、その「読み方」を誤解しているからである。

その誤解は、三つある。

古典からは「理想的人間像」ではなく「具体的修行法」を学ぶ

第一の誤解は、古典を読むとき、そこから「人間として、かくあるべし」といった「理想的人間像」を学ぼうとすることである。

しかし、古典を読むとき、むしろ大切なことは、「いかにして、**人間として成長していくか」という「具体的修行法」**を学ぶことである。特に、その修行法の要諦としての「**心の置き所」**を学ぶことである。

もとより、古典から「理想的人間像」を学ぶことも大切であろう。しかし、どれほど「人間として、かくあるべし」を学んでも、そうした人間へと成長していく「**具体的修行法**」**を学ばなければ、我々は、一歩も前に進んでいくことはできない。**

これは、「人間を磨く」ということや、「人間力を高める」ということを「山登り」に喩えてみれば、容易に分かることである。

いかに多くの古典を読み、人間としてめざすべき「高き山の頂」を心に刻んでも、一人の未熟な人間が、いかにして、山の麓から、その山の頂めざして歩んでいくかという「山道の登り方」について学ばなければ、その山の頂に到達することはおろか、山道を登っていくことさえできない。

この「**高き山の頂**」（**理想的人間像**）**と**「**山道の登り方**」（**具体的修行法**）**の違い**、それを説明するために、分かり易いエピソードを紹介しよう。

かつて、ある雑誌の編集長が、永年の実績のある優れた経営者に、「経営の要諦」を聞いた。すると、その経営者は、短く、一言を語った。

「社員を愛することです」

一方、ある雑誌の記者が、部下の教育に悪戦苦闘する中間管理職に、その苦労談を聞いた。すると、その中間管理職は、ためらいながら、こう答えた。

「正直に言って、あまりにも仕事の覚えが悪い部下を見ていると、ときおり、その部下の指導を諦めたくなるときがあります。『もう無理だ・・』という心境ですね。しかし、一晩寝て、朝起きると、なぜか、彼と上司・部下の関係になったのも、何かの深い縁かなと思うんですね・・。そして、考えてみれば、自分の若い頃も『覚えの悪い部下』だったなとも思うんです。すると、不思議なことに、もう少し頑張ってみようかと思えるんですね・・」

さて、この二つのエピソード、どちらが、「人間力」を身につけていくために、参考になるだろうか？　どちらが、山道を登っていく人間にとって、糧になるだろうか？

答えは、明らかであろう。

前者の経営者は、決して間違ったことを言っていない。「社員を愛する」。それは、誰もが認める「人間として、かくあるべし」の姿であろう。

しかし、こうした言葉を聞かされても、一人の未熟な人間としては、「それは分かるが、しばしば目の前の一人の社員を愛せない心境になるから、苦しんでいる・・・」と呟きたくなるのではないか。

これに対して、後者の中間管理職の言葉は、そうした未熟な人間としても、励まされる言葉であり、何かを学べる言葉である。

誰もが、一度や二度は、諦めそうになること。一晩寝た後、人間の心境は変わること。相手と出会ったことの縁を思うこと。自身の若き日の未熟さを振り返ること。

いずれも、深く学べる言葉である。

そして、この言葉は、単に「職場での上司・部下」の人間関係だけでなく、「学校での教師・生徒」の人間関係や、「家庭での両親・子供」の人間関係においても、糧となる言葉であろう。

すなわち、この二人の人物が語った、二つの言葉。

一つは、**優れた人間が、自身が登り到った高き山の頂を指し示し、「この高き山の頂に登るべし」と語る言葉。**

一つは、**心の弱さを抱えながらも、そして、遅き歩みながらも、高き山の頂をめざして一歩一歩登っていく人間が語る、「未熟な人間でも、このような心の置き所を大切に歩めば、少しずつでも登っていけるのではないか」との言葉。**

実は、古典と呼ばれるものには、この二つの種類の言葉、「理想的人間像」を語る言葉と、「具体的修行法」を語る言葉が書かれている。

そして、未熟さと心の弱さを抱えて歩む、我々にとって、真に励ましとなり、糧となるのは、後者の言葉であり、こうした言葉をこそ、古典を読むとき、我々は、深く読み取るべきであろう。

そして、実は、「優れた古典」と呼ばれるものの中には、著者自身が、一人の人間としての未熟さと心の弱さを抱え、それでも、人間としての成長を求め、自分自身と格闘しながら山道を登っていくなかで書かれたものが、少なくない。

例えば、『歎異抄(たんにしょう)』という古典。浄土真宗の開祖、親鸞の教えを学ぶとき、ほとんどの人が、この書から入っていく。しかし、実は、これは、親鸞の書いた書ではない。

それは、師である親鸞に付き従いながら、親鸞の教えを体得しようと修行を続けた弟子、唯円の書いたもの。後に、親鸞の教えが世に広がっていったのは、この書に依るところが大きい。親鸞の教えを学ぶために、親鸞自ら遺した大著、『教行信証』から入っていく人は、ほとんどいない。

全く同様に、例えば、『正法眼蔵随聞記』という古典。曹洞宗の開祖、道元の教えを学ぶとき、ほとんどの人が、この書から入っていく。しかし、実は、これもまた、道元の書いた書ではない。

それは、師である道元に付き従いながら、道元の教えを体得しようと修行を続けた弟子、懐奘の書いたもの。後に、道元の教えが世に広がっていったのは、この書に依るところが大きい。これも、道元の教えを学ぶために、道元自ら遺した大著、『正法眼蔵』から入っていく人は、ほとんどいない。

このように、優れた古典の中には、一人の未熟な人間が、その未熟さを抱えながら、どのようにして高き頂に向かって山道を登っていったかを語ったものが少なくない。

そして、我々の胸を打つのは、一人の人間としての未熟さと弱さを抱えながらも、ひたすらに人間成長を求めて歩み続けた、その姿であり、自身の歩みの遅さに、ときに天を仰ぎ、溜め息をつきながらも、決して、その歩みをやめなかった、その姿である。

古典を通じて我々が深く学ぶべきは、**登るべき「高き山の頂」（理想的人間像）**だけではない。その頂に向かってどのように歩んでいくか、その**「山道の登り方」（具体的修行法）**を学ぶべきであり、**山道を登るときの「心の置き所」**を学ぶべきであろう。

もとより、浅学の著者が、唯円や懐奘ほどの人物を「一人の未熟な人間」と評することは、僭越極まりないことである。正確に言えば、あれほどの深い境涯に至っても、「自身の未熟さ」を見つめ続けた、その人間としての謙虚な姿が、我々の胸を打つのであろう。

世を見渡せば、古典を引用し、「人間として、かくあるべし」という教訓を語っている人物が、現実には、その「かくあるべし」とは、ほど遠い姿を示し、「人間力」に乏しいと言わざるを得ない姿も見てきた。ときに、古典を語り、理想的人間像を語り続けた結果、いつのまにか、「自分はそうした人物である」という自己幻想に陥ってしまう姿も見てきた。

それゆえにこそ、**古典を読むとき、その著者の示す「人間としての謙虚な姿」もまた、我々が、深く学ぶべき**ものなのであろう。

「我欲」や「私心」を否定せず、ただ静かに見つめる

では、第二の誤解は、何か？

それは、古典を読むとき、多くの古典が語っている「我欲を捨てる」「私心を去る」といった言葉を、素朴かつ表面的に受け止め、自分の中の「我欲」や「私心」、言葉を換えれば「小さなエゴ（自我）」を、否定し、捨て去ろうとしてしまうことである。

では、なぜ、これが誤解か？

我々の心の中の「小さなエゴ」は、捨て去ることはできないからである。

我々の心の中の「我欲」や「私心」「小さなエゴ」は、捨て去ったと思っても、消し去ったと思っても、実は、それは、ただ抑圧し、心の表面に出ないようにしているだけである。従って、**抑圧することによって、一時、心の奥に隠れるが、その「小さなエゴ」は、**

いずれ、必ず、心の奥深くで密やかに動き出す。

例えば、同僚が先に昇進したとき、心の中で「自分は、同僚の昇進を妬むことなどない」と思う。しかし、数か月後、その同僚が病気で休職になったとき、心の奥に、それを密かに喜ぶ自分が現れる。

そうした形で、「小さなエゴ」は、捨て去ったと思っても、必ず、心の奥深くで密やかに動き出す。そして、それは、ときに、極めて巧妙な形で、我々の心を支配する。

例えば、先ほど述べた「我欲を捨てる」「私心を去る」という言葉。

こうした言葉を読むと、当初、我々は、この言葉を真摯に受け止め、自分も、そうした「我欲」や「私心」に振り回されない人間になりたいと考える。しかし、自分自身の中で、「我欲を捨てよう」「私心を去ろう」と考えているうちは良いのだが、修行中の人間が、この言葉を周りに対して語り始めると、危うい状態が始まる。

なぜなら、周りに対して、「我欲を捨てるべし」「私心を去るべし」と語り始めると、いつのまにか、心の中に「**私は、我欲を捨てた人間だ**」「**私は、私心を去った人間だ**」という**自己幻想**が生まれてくるからだ。

そして、この自己幻想の背後には、必ず、「小さなエゴ」が忍び寄り、潜んでいる。

すなわち、周りに対して「我欲を捨てるべし」「私心を去るべし」と語ることによって、周りから「あの人は、我欲を捨てた人間だ」「あの人は、私心を去った人間だ」と思われたい、**自分を立派な人間だと思われたいという「小さなエゴ」**が、密やかに忍び込んでくる。そして、さらに怖いことは、「我欲を捨てる」「私心を去る」と語っている人間自身が、自分の心の中で蠢（うごめ）く、その「小さなエゴ」に気がつかないことである。

なぜなら、我々の心の中の**「小さなエゴ」は、ときに、「小さなエゴを捨てた高潔な人間の姿」を演じて、満足を得ようとすることさえある**からだ。

このように、我々が、自分の心の中の「我欲」や「私心」という「小さなエゴ」を、素朴に否定し、捨て去ろうとしても、ただ、ひととき、それを心の表面から抑圧するだけで、いずれ、その「小さなエゴ」は、心の奥深くで密やかに動き出す。

そして、この「小さなエゴ」は、ときに、「私は、小さなエゴを捨てた人間だ」という姿さえ演じて現れてくるときがある。

では、どうすれば良いのか？

「小さなエゴ」というものが、否定することも、捨て去ることも、消し去ることもできないものであるならば、どうすればよいのか？

その「小さなエゴ」が、心の奥深くで動き出し、ときに、嫉妬心、ときに、虚栄心、ときに、功名心となって現れるとき、それを否定することも、捨て去ることも、消し去ることもできないとすれば、どうすれば良いのか？

その**「小さなエゴ」に処する方法は、ただ一つ**である。

ただ、静かに見つめること。


それが、唯一の方法である。

例えば、自身の心の中に、誰かに対する「嫉妬心」が生まれてきたとき、「ああ、自分の心の中で、あの人に対する嫉妬心が動いている・・」と、静かに見つめることである。

ただ、このとき大切なことは、「静かに」見つめること。

その意味は、この「嫉妬心」を否定するのでもなく、肯定するのでもなく、ただ静かに見つめることである。「ああ、こんな嫉妬心を持ってはならぬ」と否定するのでもなく、

「いや、この嫉妬心こそが自分のバネになる」と肯定するのでもなく、「ああ、自分の心の中で、嫉妬心が動いている・・」と、ただ静かに見つめることである。

言葉にすれば、ただそれだけのことであるが、行ずるのは容易ではない。しかし、もし、それができたならば、不思議なほど、自分の心の中の「嫉妬心」の動きは、静まっていく。

実は、こうした「**小さなエゴ**」**に処する、成熟した**「**こころの技法**」は、古くから、仏教を始めとする古典において、様々な形で語られているのだが、近年の表層的な古典解釈においては、「我欲を捨てるべし」「私心を去るべし」といった単純なメッセージが、「高潔な人物」を演じたがる「小さなエゴ」の蠢きとともに、広がる傾向がある。

それゆえにこそ、我々は、古典を読むとき、「我欲を捨てる」「私心を去る」といった言葉を、素朴かつ表面的に受け止めるのではなく、**自分の中の**「**我欲**」**や**「**私心**」「**小さなエゴ**」**を、ただ静かに見つめる**という、成熟した「こころの技法」とともに学ばなければならない。

先ほど紹介した親鸞の言葉、「心は蛇蝎のごとくなり」は、ある意味で、古典を読み、人間成長の修行に取り組む人間が陥りがちな、「自分は、我欲を捨てた」「自分は、私心を去った」といった自己幻想への警句であり、「小さなエゴ」の巧妙な動きへの警鐘でもあろう。

自分の中に、「統一的人格」ではなく「様々な人格」を育てる

では、第三の誤解は、何か？

それは、古典を読むとき、我々がめざすべき人間像として、一つの理想的な「統一的人格」を心に描き、その人間像を追い求めてしまうことである。

それを象徴するのが、例えば、「**裏表のない高潔な人物**」といった言葉である。

それは、「誰に対しても、裏も表もない一つの人格で接し、決して悪しきことをせず、誰からも尊敬される人物」といった意味の言葉であり、たしかに、もし我々が、そうした人物になれるのであれば、それは、生涯を賭けてめざすに値する人間像であろう。

しかし、では、実際に、我々は、そうした「裏表のない高潔な人物」になれるのだろうか？

まず第一に、そもそも、我々は、「裏表のない人物」になれるのだろうか？


実は、この言葉そのものが、すでに、一つの固定観念を、我々の心に刷り込んでいる。

なぜなら、「裏表」という言葉に、すでに「表＝善なるもの」「裏＝悪しきもの」といった価値観が含まれており、この言葉そのものに、「世間や他人に対して『表の顔』以外に『裏の顔』を持つことは許されない」という価値観が含まれている。

しかし、では、**現実に、我々は、日々の仕事や生活を、ただ一つの「表の顔」だけで処しているだろうか？**


決して、そうではないだろう。

例えば、一人のビジネスパーソンを考えてみよう。彼は、家庭においては、子煩悩な父親であり、しばしば子供を甘やかしすぎると、妻から苦言を呈されている。しかし、彼は、会社に行くと、辣腕の営業マネジャーとして、部下からも上司からも、一目、置かれている。けれども、ときおり実家に帰って母親と過ごすと、昔ながらの一人息子の顔に戻り、母親にわがままを言って好きな料理を作ってもらう。また、たまに高校の同窓会に行くと、気の置けない仲間と再会し、かつての冗談好きな楽しい雰囲気が表に出てくる。

すなわち、この人物は、「子煩悩な父親」「辣腕のマネジャー」「母に甘える一人息子」「冗談好きの仲間」といった幾つもの顔を持っており、幾つもの人格を、自然に使い分けて生きている。

もし、我々が、周りを見渡してみるならば、こうした人物は、決して珍しくないだろう。いや、我々自身も、家庭、会社、実家、友人仲間、それぞれの場において、それぞれ違った人格で処しているのではないだろうか。

このことは、拙著『人は、誰もが「多重人格」』でも語ったことであるが、**実は、我々の中には、「幾つもの人格」があり、仕事や生活の場面や状況に応じて、我々は、それらの人格を使い分け、処している。**

そのことを理解するならば、古典を読んだとき、我々がめざすべき人間像として、一つの理想的な「**統一的人格**」を心に描き、その人間像を追い求めてしまうことは、正しくない。

むしろ、我々がめざすべきは、自分の中に、「**幾つもの人格**」を見出し、育てることであり、それらの人格を、仕事や生活の場面や状況に応じて、適切に切り替える能力を磨いていくことである。

また、第二に、我々は、決して悪しきことをしない、誰からも尊敬される「高潔な人物」になれるのだろうか？

例えば、仏教の古典に語られる「**鬼手仏心**（きしゅぶっしん）」という言葉。この言葉は、鬼のように厳しい処し方の背後に、仏のような慈愛に満ちた心があるという人間の姿を、ある状況における「理想的な姿」として語っているが、これは、「鬼」と「仏」という、一見矛盾する二つの人格が、一人の人間の中に共存することを意味している。しかし、それゆえ、この人物は、ある人から見れば、とても尊敬できない「鬼」のように見え、ある人から見れば、深く尊敬できる「仏」のように見えるであろう。

また、昔から、経営の世界では、「**経営者として大成する人間は、悪いことができて、悪いことをしない人間だ**」と語られてきた。これは、自分の中に、「悪人」と呼ぶべき人格がありながらも、その人格を御していくことができる、「もう一つの人格」があることの大切さを語っている。すなわち、「悪いことができる人格」を自分の中に抱くからこそ、部下や社員が「悪いこと」に走る心境を察知し、彼らが「悪」に手を染めることを未然に止めることができる。また、取引先や競合企業が「悪いこと」を犯す可能性を考慮し、適切な予防対策の手を打つことができる。「経営者として大成する人間は、悪いことができて、悪いことをしない人間だ」という言葉は、そのことを意味している。

このように、我々の心の中には、幾つもの人格があるだけでなく、それらの中には、「鬼」と呼ぶべき人格や、「悪」と呼ぶべき人格も存在する。そのことは、冒頭に述べた親鸞の「心は蛇蝎のごとくなり」という言葉にも示されており、また、文学も含め、人間というものを深く洞察した古典においては、すでに、様々な形で語られてきたことである。

大切なことは、**自身の中にある「鬼」や「悪」と呼ぶべき部分から目を背けることなく、その存在を認めつつ、それらの人格を御していくことのできる「もう一つの人格」を育てていくことである。**

すなわち、我々は、古典を読むとき、「善」なる姿しか持たない「統一的人格」を理想像として追い求めるべきではない。それは、結果として、自身の内なる「悪」の部分から目を背け、それを抑圧してしまうため、逆に、思わぬところで、その「悪」の部分に足をすくわれてしまう。

その意味でも、我々が古典を通じて学ぶべきは、自身の中に、「鬼」も「悪」も「邪」も含めた幾つもの人格を見出し、それらの人格に光を当てる技法であり、また、自身の中に、様々な人格を育て、それらの人格を、日々の仕事や生活の場面や状況に応じて、適切に使い分ける技法である。

難しい人間関係に直面したときが、人間を磨く最高の機会

このように、我々が、人間を磨き、人間力を高めるために古典を読む場合には、これら「三つの誤解」を心に置いて、読むべきであろう。

そして、それゆえ、本書においても、この「三つの誤解」を踏まえ、次の「三つの視点」から、いかにして人間を磨いていくか、いかにして人間力を高めていくかについて、語っていこう。

第一の視点　**一つの理想的な「統一的人格」を持つ人間をめざすのではなく、自分の中に「様々な人格」を育て、それらの人格を場面や状況に応じて適切に使い分けることのできる人間をめざす。**

第二の視点　**自分の心の中の「小さなエゴ」を捨て去ろうとするのではなく、その「小さなエゴ」の動きを、静かに見つめることのできる「もう一人の自分」を育てていく。**

第三の視点　**ただ「理想的人間像」を論じるのではなく、そうした人間像に向かって一歩一歩成長していくための「具体的修行法」を身につける。**

では、その「**具体的修行法**」とは何か？

我々が、この人生において、人間を磨き、人間力を高めていくために、どのような場で、どのような修行をすればよいのか？

端的に述べよう。

日々の仕事や生活における「人間関係」

それが、最高の修行の場であろう。

我々は、日々、会社や職場での仕事において、家族や親戚との生活において、友人や知人との交友において、様々な人間関係の問題に直面し、迷い、悩みながら生きている。

もとより、人間関係には、素晴らしい巡り会いや心に残る出会いもあるが、一方、哲学者サルトルが語った「地獄とは、他者なり」の言葉のごとく、ときに、心が軋むような最悪の関係となってしまうときもある。

しかし、**人間関係における、不和や不信、反目や反発、対立や衝突、嫌悪や憎悪などの痛苦な経験**は、その処し方を間違えなければ、人間を磨き、人間力を高める最高の機会になる。逆に、処し方を誤るならば、自分の人間性を寂しい次元に落としてしまうこともある。

では、その分かれ道は何か？

その人間関係に処するときの「心の置き所」

それが、分かれ道になる。

ここで、「心の置き所」とは、「心得」「心構え」「心の姿勢」「心の在り方」とも呼ばれるもの。それは、「人間として、かくあるべし」といった大仰なものではなく、ほんの小さな「**こころの技法**」と呼ぶべきものである。

それは、日々の仕事や生活において、人間関係の問題に直面したとき、思い出し、少しだけの努力で実践することのできる「こころの技法」でもある。

本書では、それを「**人間関係が好転する『こころの技法』**」として、「**七つの技法**」を語ろう。

それは、次の七つである。

第一の技法　心の中で自分の非を認める

第二の技法　自分から声をかけ、目を合わせる

第三の技法　心の中の「小さなエゴ」を見つめる

第四の技法　その相手を好きになろうと思う

第五の技法　言葉の怖さを知り、言葉の力を活かす

第六の技法　別れても心の関係を絶たない

第七の技法　その出会いの意味を深く考える

これらの技法は、いずれも、極めて具体的な技法であり、読者が人間関係の問題に直面されたとき、すぐに実践できるものであるが、ひとたび、これを実践されるならば、まもなく、その技法の持つ「奥の深さ」に気がつかれるだろう。

もとより、**真の「修行」というものは、日々の仕事や生活において容易に取り組めるものでありながら、奥の深いもの**である。

例えば、日々の仕事や生活において、誰かにお礼を言うとき、**ただ「有り難うございます」という言葉を語るだけでなく、必ず、そこに「有り難い」という気持ちを添わせるという「修行」**。

この「修行」は、極めて具体的な「こころの技法」の実践であり、誰でも容易に取り組めるものであるが、ひとたび、この技法に取り組むと、まもなく、その「奥の深さ」に気がつくだろう。しかし、その「奥の深さ」を味わいながら、この「修行」を続けていくならば、いつか、**自身の「言葉」に、静かな力が宿っていること**に気がつくだろう。そして、自身の「心」に、大きな変化が生まれていることに気がつくだろう。

その変化こそが、「人間を磨く」ということの真の意味に他ならない。

読者は、日々の人間関係において壁に突き当たったとき、これから述べる「こころの技法」を思い出し、「七つの技法」のいずれでも良いので、取り組んでみて頂きたい。どれも素朴な技法と思われるかもしれないが、それを真摯に実践されるならば、その人間関係が、大きく変わっていくだろう。

そして、これらの「こころの技法」を実践し、修行を続けていくならば、**日々の人間関係は、自身の人間を磨き、人間力を高めていく、素晴らしい機会**になっていくだろう。

それでは、話を始めよう。

第一の「こころの技法」

心の中で自分の非を認める

非を改め、欠点を無くせば、人から好かれるのか？

さて、それでは、日々の仕事や生活における人間関係を通じて、人間を磨き、人間力を高めていくための「こころの技法」とは、どのようなものか？

まず、第一の技法は、何か？

心の中で自分の非を認める

それが第一の「こころの技法」である。

しかし、こう述べると、早速、読者から疑問の声が挙がるだろう。

「非を認める」のではなく、
「非を改める」のではないか？

たしかに、「非を改める」ことができれば、それは素晴らしいことであろう。

誰もが、人から好かれる人間になりたいと願っている。

そのため、自分の非を改め、欠点を直し、成熟した人間にならなければと思っている。

もっと人間を磨き、人間力を高め、人から好かれる人間になりたいと考えている。

しかし、**人間は、なかなか自分の持つ「非」や「欠点」や「未熟さ」を改めることはできない。**そもそも、もし、それが簡単にできるならば、人生における苦労や人間関係における悩みの大半は、たちどころに解消するだろう。

では、自分の持つ「非」や「欠点」や「未熟さ」を改めないと、我々は、周りの人々との人間関係を、良きものにできないのだろうか？

決して、そうではない。

むしろ、周りの人々と良い人間関係を築いている人を見ていると、必ずしも、人間としての「非」や「欠点」や「未熟さ」が無い人ではない。

実は、**世の中を見渡せば、「非」も「欠点」も「未熟さ」も抱えながら、周りの人々と良い人間関係を築いている人は、決して珍しくない。**

では、なぜ、世の中には、そうした人物がいるのか？


そのことを理解するためには、逆の人物を考えてみると良いだろう。

人間として、特に「非」も「欠点」も無いのだが、周りから、あまり好かれない人物。


世の中には、そうした人物がいる。

すなわち、一般には「優等生」と呼ぶことのできる人物なのだが、なぜか、周りから好かれない人物がいる。
こうした不思議な現象は、なぜ起こるのだろうか？
その理由を考えるために、一つのエピソードを紹介しよう、
著者が、二〇代半ばの頃の、恥ずかしい失敗談である。

「優等生」が、周りから好かれない理由

著者は、一九七四年に大学の工学部を卒業した後、二年間、放射線医学を学ぶために、医学部の研究室で学んだ。その後、工学部の大学院に進み、原子力の環境安全性を研究するためであった。

この医学部で師事したY教授は、厳しくも愛情に溢れた師であった。ゼミでの発表で、話が分かりにくければ、「やめなさい！」と直ちに発表を中止させられた。また、いい加減なレポートを書こうものなら、「こんなものを読めるか！」と投げつけられていた。

著者にとっては、生涯に巡り会った師匠の中でも、並み外れて厳しい師匠であったが、

物書きとして、また、語り手として仕事をさせて頂く今日の著者があるのは、何よりも、このY教授の厳しい薫陶のお陰である。その意味で、この教授との邂逅は、著者にとっては、終生の感謝なのだが、その薫陶の中でも、生涯、最も心に残る指導を得たときがあった。

ある日、研究の必要から、放射性物質を用いた実験を行うことになったとき、教授から呼ばれて、こう言われた。

「君は、来週から、実験をやるそうだな。
私が、君の実験の方法を見てあげるから、
明日、自分の前で、その実験の手順をやってみなさい」

この瞬間、「ああ、実験の手順について、厳しい指導を受けるな・・」と感じた私は、すぐにK助手のところに行き、この放射性物質を使った難しい実験の手順について、手取り足取り、細かく教えてもらった。

そして、翌日、Y教授が実験室に来た。教授が、傍の椅子に座り、腕を組み、厳しい表情で見ている前で、私は、その難しい実験の手順を、一つ一つ丁寧に進めていった。

特に難しい操作のときには、声に出して「安全ピペット、目の位置確認！」など、実験の要点を復唱しながら、この実験を進めた。

教授は、終始、厳しい表情で私の実験を見ていたが、最後まで、「待ちなさい！　その手順は違う！」といった形で厳しい指導を受けることはなかった。

すべてが終わったとき、教授は憮然として、私に、一言だけ聞いた。


「誰に教わった・・」

「K助手に教わりました・・」


その会話だけで、教授は、実験室を出て行った。

その後ろ姿を見ながら、私は、内心、得意満面であった。

あの厳しい教授から、実験手順の誤りを一つも指摘されることなく、やり遂げた。

その満足感に浸っていた。

そして、この研究室における、私の姿は、いつも、こうした「優等生」であった。

この厳しい教授から、発表の仕方、レポートの書き方、実験の進め方を含めて、ほとんど「君、それは違うよ！」との叱責を受けずに、二年間を過ごした。

そして、この研究室での学びを終え、工学部の大学院に戻る日が来た。

研究室の机を片付け、メンバーに挨拶をし、最後に、Y教授の部屋に、挨拶に伺った。

しかし、その最後の挨拶においてY教授が私に語った言葉が、私の人生を変えた。

いや、私の人生を救ってくれたというべきか。


教授室で、Y教授に、最後の感謝の挨拶を述べると、教授も、「君も、よく頑張ったな」「君は、優秀だな」といった世辞を述べてくれたが、最後に、「しかしね・・」と続け、一言、私の目を見ながら言った。

それは、静かな一言であり、教授の眼差しは、弟子への愛情に溢れていたが、その一言は、私の胸に突き刺さり、生涯、心の中で鳴り響く言葉となった。


「君はね・・、可愛気（かわいげ）が無いんだよ・・」

それは、恩師からの終生の教えでもあった。

なぜなら、何年か後に大学院を終え、実社会に出て働き始め、様々な人間関係の問題に直面したとき、いつも自分を救ってくれたのは、この言葉だったからである。

「君は、可愛気が無い」

この言葉は、実に的確に、当時の私の、人間としての「未熟さ」を指摘していた。
それは、私の心の中の「**密やかな驕り**」とでも呼ぶべきものを指摘する言葉でもあった。

人間であれば、誰でも、非があり、欠点があり、未熟さがある。
それにもかかわらず、「自分には非が無い」「自分には欠点が無い」と思い込み、それを密かに誇る心の姿勢。

教授は、その「密やかな驕り」「**無意識の傲慢さ**」を、当時の私の姿から感じていたのであろう。

たしかに、世の中を見渡すと、それほど大きな欠点も無いのに、周りから好かれない人物がいる。ときに、嫌われる人物がいる。

なぜ、こうした人物が、人の心を遠ざけてしまうのか？

その理由は、若き日の自分の姿を思い返すならば、恥じる思いとともに、理解できる。

人間、誰でも、何がしかの欠点はある。至らぬところはある。

それにもかかわらず、欠点が無い人間になろうと考え、欠点が無い人間であると思い込み、欠点が無い人間として振る舞おうとする。

そうした人間の心の中に根を生やしていくのは、「自分に非は無い」「自分に欠点は無い」という密やかな驕りであり、さらには、「自分は優秀だ」「自分は優れている」という無意識の傲慢さであろう。

そして、その**密やかな驕りと無意識の傲慢さを伴った「優等生意識」が、人の心を遠ざける。**

しかし、あの日、研究室を辞するときに恩師が教えてくれた、「**可愛気**」という言葉。

それは、素直に、自分の非を認め、欠点を認め、未熟さを認める、「**しなやかな心**」のことであった。

そして、その「しなやかな心」の大切さを教える「可愛気」という言葉が、三〇歳にして実社会に出た私の人生を支え、導いてくれた。

それから、実社会で三五年の歳月を歩み、この一人の未熟な人間が、有り難い人生を与えられ、いま、振り返って思う。


人は、非があり、欠点があり、未熟であるから、周りの人の心が離れていくのではない。

人は、自分の非を認めず、欠点を認めず、自分には非が無い、欠点が無いと思い込むとき、周りの人の心は離れていく。


しかし、そうした人がいる一方で、人生においては、その逆の姿を示す人もいる。

非もあり、欠点もあり、未熟さも抱えているのに、周りの人から好かれる人物がいる。

それは、なぜか？

なぜ、欠点の多い人間が好かれるのか？

永年、様々な職場で仕事をして、多くの人を見てきたが、いつも不思議に感じることがある。

人間としてみれば、色々な欠点があるのに、人から嫌われない人物がいる。いや、むしろ、人から好かれる人物がいる。

例えば、職場のリーダーや企業の経営者で、たしかに優れたところもあるのだが、色々と欠点もあり、そのため、ときに、部下や社員を困らせる人物、しかし、なぜか、部下や社員から好かれる人物だ。

ある企業の営業課のA課長。営業センスは光るものを持っており、周りも一目置いているのだが、どこか大雑把なところがあり、ときおり、会議の予定を忘れ、周りに迷惑をかける。

今日も、会議の始まる時刻になっても外回りから戻って来ない。そこで、部下が携帯電話に連絡をとり、急いで戻ってもらう。

待たされた会議のメンバーが、「またか、困ったな・・」と思っているところに、ようやく、A課長、戻ってくる。

しかし、会議室に入るなり、次の一言。

「すまん、すまん！　待たせて悪い！　俺、またやっちゃったな・・」

この一言で、会議のメンバー、苦笑交じりの笑い声。

会議の後、A課長の部下が、他部からの参加者に対し、「お待たせして、すみませんでした」とお詫びをすると、苦笑いをしながらも、どこか温かい一言。

「まったく、もう、いつもこうなんだから・・。勘弁してくれよ・・」

このA課長、なぜか、あまり嫌われていない。

ある中小企業のB社長。人情に厚い人柄で家族的経営をしている。社員からは「親父さん」と呼ばれ親しまれているのだが、一つ、困ったところがある。

ときおり、かっとなって怒り出すのだ。社員からは「瞬間湯沸かし器」と言われているが、今日も、ちょっとした事務のミスで、社員のC君を怒鳴り、外に出て行った。少し落ち込むC君。周りは、「またか・・」という風情。

しばらくして、外の商談から帰ってきた社長、なぜか、手には、たい焼きの包みを持っている。社員に頼んで、お茶を入れてもらい、職場全員で、しばしの「たい焼き休憩」だ。

給湯室では、社員が、囁いている。

「社長らしいね・・」
「うん、C君、たい焼き、好きだからね」
「あれが、社長なりの気配りなんだな・・」
「でも、C君、少し元気になったたね」

このB社長も、なぜか、嫌われていない。

読者の周りにも、こうしたA課長やB社長のような人物がいるのではないだろうか？

色々と欠点もあり、ときに、部下や社員を困らせるのだが、なぜか、部下や社員から嫌われない、むしろ好かれる人物だ。

このA課長とB社長、その部下や社員に「あのA課長、困った人だね」「あのB社長、嫌にならないかい」と聞いても、おそらく、こうした答えが返ってくるだろう。

「たしかに、あの大雑把な性格は、困るんですが、あの課長、なんか憎めないんですよね・・」

「それは、怒鳴られた瞬間は、少し頭にきますけど、あの社長、どこか可愛気があるんですよね・・」

では、なぜ、このA課長とB社長、部下や社員から嫌われないのだろうか？

もう少し、深く考えてみよう。

まず、A課長、彼は、色々と欠点はあるのだが、何よりも自分の欠点を良く知っている。そして、それを、素直に仲間の前で認めている。

それは、会議室に入るなり「すまん、すまん！」と申し訳なさそうに謝る風情にも現れている。そして、「俺、また、やっちゃったな・・」という言葉からも、自分の欠点を自覚していることが伝わってくる。

そして、B社長、彼は、「短気で、すぐ怒鳴る」という欠点が出た後、社員に対して、直接に詫びることはしないが、無言のメッセージで、「怒鳴って、すまなかったな」という反省と謝罪の思いを伝えている。それが、彼なりの「たい焼き」の手土産であり、その無言のメッセージは、給湯室の会話のように、しっかりと社員に伝わっている。

すなわち、このB社長もまた、自分の欠点を、内心、素直に認め、反省している。そして、そのことを社員に対して、無言のメッセージで詫びている。

このように、A課長やB社長が、人間としての至らぬところ、非や欠点を持っているにもかかわらず、そして、その非や欠点がゆえに周りに迷惑をかけているにもかかわらず、それが職場や会社の人間関係を甚だしく損ねていない理由は、二人が、**自分の非や欠点を素直に自覚していることであり、さらに、その非や欠点を、周りの人間に対して率直に認めていることであろう。**

こう述べると、「そんな簡単なことで、人間関係がうまくいくのか・・」という疑問を持たれる読者もいるかもしれない。

しかし、実は、この「自分の非や欠点を素直に自覚する」ことや「自分の非や欠点を率直に認める」ということは、言葉で言うほど簡単なことではない。

もとより、言葉だけで「誠に申し訳ない」と謝ることや、「自分の不徳の致すところです」と非を認めることは簡単にできる。また、そうした「**形だけの謝罪の言葉**」は、世の中に溢れている。

だが、こうした「形だけの謝罪の言葉」で非を認めても、**我々の心の中の「小さなエゴ」は、しばしば、「自分は悪くない！」「自分は間違っていない！」「自分に非はない！」「自分の問題ではない！」と叫んでいる。**

そして、周りの人々は、我々の「形だけの謝罪の言葉」よりも、その「小さなエゴの叫び」をこそ、無言のメッセージを通じて敏感に感じ取っている。

しかし、このA課長とB社長は、それぞれにスタイルは違うが、二人とも心の深いところで、自分の非や欠点を素直に自覚しており、自分の非や欠点を率直に認めている。そして、そのことを、「言葉のメッセージ」として、また、「無言のメッセージ」として、周りの人々に伝えている。

すなわち、もし我々が、自分の非や欠点がゆえに、相手や周りの人々に迷惑をかけたとしても、心の中で自分に非や欠点があることを自覚し、自分の非や欠点を相手や周りに対して認めることができるならば、人間関係は、決しておかしくならない。また、それができるならば、それだけで、こじれた人間関係が良くなっていくことさえある。

なぜなら、**仕事や生活において人間関係がおかしくなるときというのは、必ずと言って良いほど、互いに「相手に非がある」「自分には非はない」と思っている**からである。

しかし、こう述べると、読者から疑問の声が挙がるかもしれない。

「自分の非や欠点を、相手に対して認めろと言うが、

そもそも、それができないから人間関係に苦労しているのではないか。
その原因は、心の中の『小さなエゴ』だと言うが、
では、その『小さなエゴ』に対して、どう処すれば良いのか？」

その疑問に対しては、この後、第三の「こころの技法」で語ろう。
また、次のような疑問を抱かれる読者がいるかもしれない。

「自分の非を認めろと言うが、
そもそも、明らかに、自分に非が無いときに、
それでも認めるべきなのか？」

この疑問も、大切な疑問であろう。これについては、我々は、**「引き受け」**という**「こころの技法」**を理解する必要がある。この技法についても、やはり、第三の「こころの技法」において語ろう。

「非を認める」ことに優る、「感謝をする」こと

さて、ここまで、第一の「こころの技法」として、「心の中で自分の非を認める」という技法について述べてきた。

我々の日々の人間関係は、たとえ「非を改める」ことや「欠点を改める」ことができなくとも、まず、「非を認める」ことや「欠点を認める」ことができるならば、決しておかしくならない。

しかし、実は、「こころの技法」という意味では、この**「非を認める」ということを超えた、さらに深い世界**がある。

それは、何か？

一つのエピソードを語ろう。

大学時代、ある文化系サークルに所属していたが、このサークルに、リーダーを務める一人の先輩がいた。

この先輩は、数十名のサークルのリーダーを務めるだけあり、なかなかのリーダーシップがある人物であったが、一方で、わがままなところもあり、また、負けん気が強い性格でもあった。そのため、ときおり、仲間の言うことを聞かなくなるなど、周りが困るときもあったのだが、なぜか、誰も、彼のことを悪く言わなかった。

あるとき、この先輩と二人で酒を飲みに行き、少し深い酒になったのだが、そのとき、彼が酔った風情で、こう語った。

「有り難いよな・・。俺みたいな、わがままな奴に、みんな、よくついてきてくれるよな・・」

この言葉を聞いたとき、サークルの仲間が、彼をリーダーとして認め、彼に幾つかの欠点があっても、誰も悪く言わない理由を理解した。

彼は、自分の非や欠点を自覚し、認めているだけではなかった。その非や欠点を含めて、彼を受け容れてくれる仲間に、心の深くで、感謝していた。

このエピソードもまた、大切なことを、我々に教えてくれる。

もし、我々が、相手や周りの人々に対して「自分の非や欠点を認める」ことができるならば、それだけでも人間関係は好転していく。

しかし、さらにそれを超え、「**自分の非や欠点を受け容れてくれる相手や周りの人々に感謝する**」ことができるならば、そこには、素晴らしい人間関係が生まれてくる。

昔から、「**感謝は、すべてを癒す**」という言葉が語られるが、この言葉は、人間関係においても、究極の真実であろう。

このエピソードは、そのことを教えてくれる。

なぜ、心の中の「思い」が、相手に伝わるのか？

そして、このエピソードが教える、もう一つ大切なことがある。

このサークルの先輩は、仲間に対する「感謝の思い」を、いつも言葉にして語っていたわけではない。それにもかかわらず、この「思い」は、サークルの仲間に伝わっていた。

それは、なぜか？

なぜ、こうした「思い」は、言葉を超えて、相手や周りの人々に伝わるのだろうか？

実は、先ほどのB社長のエピソードが教えるように、「非を認める」ということもまた、必ずしも、相手や周りの人々に対して「言葉」に出して語る必要はない。心の中で「非を認める」だけで、不思議なほど、その「思い」は、相手や周りの人々に伝わっていく。

なぜなら、**我々のコミュニケーションというものは、実は、「言葉のメッセージ」で伝わるものが「二割」であり、表情や眼差し、仕草や身振り、態度や雰囲気など「言葉以外のメッセージ」で伝わるものが「八割」**だからである。

それゆえ、我々の心の中の「思い」は、「言葉のメッセージ」に表さなくとも、「言葉以外のメッセージ」を通じて、自然に、相手や周りの人々に伝わっていく。

そして、我々の心の中の「自分の非を認める思い」もまた、「言葉のメッセージ」に表さなくとも、自然に、相手や周りの人々に伝わっていく。

それが、この第一の技法として、「心の中で自分の非を認める」ということを述べる理由である。

ちなみに、著者は、若き日に、仕事の経験を通じて、この「心の中の思いは、言葉以外のメッセージを通じて、相手や周りの人々に伝わる」ということを学んだが、それゆえ、会議や会合における「こころの技法」として大切にしてきたことがある。

それは、**会議や会合に際して、参加者一人ひとりに対して、心の中で「有り難うございます」と唱えるという技法**である。

例えば、商談で、ある会社のA部長、B課長を訪問するとき、その会社のビルに入るとき、心の中で「A部長、有り難うございます。B課長、有り難うございます」と心の中で唱えることを習慣としてきた。

また、社内会議でも、その会議の席に着き、会議が始まる前の数分間、背筋を伸ばし、目を閉じ、参加者一人ひとりに対して、心の中で、「有り難うございます」と唱えるということも習慣としてきた。

こうした習慣は、難しい交渉が予想される商談や、厳しい議論が予想される社内会議において、事前に心を整え、心の中に「感謝の思い」を持つことによって、会議や会合の参加者に対して、ポジティブな「言葉以外のメッセージ」を伝えるために身につけたものである。

それは、商談での交渉や社内会議での議論において、しばしば心が乱れる自分の未熟さを痛感する中で身につけた「こころの技法」でもあった。

さて、このように、我々の心の中の「非を認める思い」は、「言葉」に表さなくとも、自然に、相手や周りの人々に伝わっていく。

しかし、やはり、その「非を認める思い」を相手に伝えることが求められるときがある。

そのとき、我々は、どうすれば良いのか？

そのことを、次に語ろう。

第二の「こころの技法」

自分から声をかけ、目を合わせる

なぜ、「可愛気」が、欠点を救ってくれるのか？

第一の「こころの技法」においては、「心の中で自分の非を認める」という技法について語った。

そして、人間関係においては、表情や眼差し、仕草や身振り、態度や雰囲気などの「言葉以外のメッセージ」が、言葉以上に多くのことを伝えるために、ただ心の中で自分の非を認めるだけで、それが相手に伝わり、人間関係が好転していくことを語った。

しかし、人間関係において、相手と感情がぶつかったり、心が離れたりした後は、やはり、心の中で自分の非を認めるだけでなく、それを、直接、相手に伝えることができれば、人間関係は、大きく好転していく。

しかし、仮に、心の中で自分の非を認めるということができても、それを、すぐに、昨日、感情がぶつかり、心が離れた相手に伝えることは難しい。やはり、まだ、自分の心の中のどこかに、「非を認めたくない」という思いもあり、また、「自分の非を認めても、相手が、それを受け容れてくれるだろうか」との不安もあるからだ。

では、どうするか？

そうしたときに思い起こして頂きたいのが、第二の「こころの技法」、

自分から声をかけ、目を合わせる

である。

これも、若き日の著者の体験を語ろう。

三〇歳で大学での研究者生活を離れ、民間企業に就職したばかりの頃のことである。

社内での企画会議などで、プロジェクトの企画の方向性や進め方などで、ときおり、同僚と意見が違ってしまうことがあった。ときには、互いに若い人間同士、自分の意見にこだわり、議論が白熱し、言葉が高ぶり、最後には感情がぶつかってしまうこともあった。

そうしたときには、会議が終わった後は、相手の顔もあまり見たくない気持ちになり、夜、帰宅の道を歩みながらも、その会議でのやりとりが思い起こされ、不愉快な気分が心を占めることもあった。

そして、そのような日の翌日は、朝起きると、やはり、昨日の会議のことが心に浮かび、同僚とのやりとりに自己嫌悪を感じ、しばし不愉快な気分に浸されるのだが、不思議なことに、しばらくすると、あのY教授の言葉が、その弟子に対する温かい眼差しとともに、心に浮かんでくるのだった。

「君はね・・・、可愛気が無いんだよ・・・」

すると、これも不思議なことに、体の奥深くで、**自分の非を認める「可愛気のある心」**、

「**しなやかな心**」が動き出し、こんな気持ちが湧き上がってくるのだった。

「そうだな・・。同僚のA君も、A君なりに、
このプロジェクトのことを考えて、ああ言っていたんだな・・。
自分は、それを、もう少し理解してあげるべきだった・・」

そして、こうした気持ちになり、自分の「非」を認める気持ちになってくると、自然に、
心の奥から、こんな思いが浮かんでくるのだった。

「そうだな・・。今日、会社に行って、A君と会ったら、
こちらから声をかけよう。そして、昨日のことを謝ろう・・」

そう思い定めて出社すると、廊下の向こうから、A君が歩いてくる。
そのA君、自分に気がつくと、顔を合わせるのも気まずそうに歩いてくる。
こちらも、やはり、昨日のことがある。A君と目を合わせるのは、どこか気まずい。

それでも、彼が近づいてきたタイミングで、目を合わせることができなくとも、心の中から絞り出すように、声をかけた。

「A君・・・、昨日は、すまなかったな・・・。自分が、少し言い過ぎた・・」

これは、著者の若き日の未熟さを示す、恥ずかしい話だが、こうした形で声をかけることが、当時の著者にとって、「こころの修行」であった。

人間であるかぎり、誰もが、必ず、「非」や「欠点」や「未熟さ」を抱えて生きている。そうした人間同士が出会うとき、それが、家庭であっても、職場であっても、学校であっても、必ず、互いの感情がぶつかるときや、互いの心が離れるときがある。ましてや、職場とは、互いが、一つの仕事を成し遂げようと懸命に取り組む場。そこでは、なおさら、互いの心の不和や不信、反目や反発、対立や衝突が生じる。

著者もまた、一人の未熟な人間として、そうした人間関係の苦労を味わってきた。そして、おかしくなった人間関係を修復することや、そこから良き人間関係を築くということも、若き日に、その修行を積ませて頂いた。

先ほどの話を続けよう。

互いの「固まった心」が、瞬時に溶けるとき

職場で、同僚と意見がぶつかり、感情がぶつかり、心が離れたとき、こうして自分から声をかけるということは、若き日の著者の「こころの修行」であった。

しかし、「自分から声をかける」ということは、言葉にすれば簡単だが、始めはなかなかできない。そもそも、「自分の非を認める」ことも、容易ではないのだが、一晩寝て、そうした心境になれたとして、「自分から声をかける」ことは、なかなか難しい。だからこそ、それを「修行」と呼ぶのだが、著者の場合、その背中を押してくれたのが、先に述べた、**恩師のY教授から言われた「君は可愛気が無い」という**一言であった。

自分から声をかけることをためらうとき、必ずと言って良いほど、この言葉が心に浮かび、「そうだ、だからこそ、自分から声をかけよう」と思うことができた。先ほど、**「生涯、心の中で鳴り響く言葉」**と言ったが、著者にとって、この言葉は、人間関係で壁に突き当

たったとき、必ず、心の中で鳴り響き、ときに警鐘となり、ときに自分を励ましてくれる鐘の音となった。

そして、著者が、こうした形で、自分の非を認め、自分から詫びるということを「こころの修行」とした背景には、実は、Y教授の教えだけでなく、もう一つの教えがあった。

それは、母の教えである。**母が、その後姿を通じて教えてくれた「しなやかな心」の大切さ**であった。

著者は、若き日に、ときおり、母と厳しく意見がぶつかり、心がぶつかることがあった。いま振り返れば、それは、私の未熟さゆえの出来事であり、苦労をして自分を育ててくれた親に対する感謝の無い姿が原因であったのだが、母もまた、息子に対する深い愛情を持っていたがゆえに、人間として筋の通らないことには、毅然として厳しい言葉を語る人物であった。

当時、こうした形で、母と心がぶつかったとき、私の心の中では、「納得できない！」という気持ちが渦巻き、その不愉快な気分のまま外出し、しばらくして、その気分をもう一度、母にぶつけようと、外から電話をすることがあった。

当然のことながら、母も生身の人間、感情もある人間、息子の筋の通らない理屈や理不尽な言葉に、腹が立たなかったわけではないだろう。心が波立たなかったわけではないだろう。

しかし、こうした衝突の後、私が母に電話をすると、電話に出た母が、最初に口にするのは、必ず、次の一言であった。

「広志・・、すまなかったね・・」

気骨もあり、矜持も持ち、聡明な母であった。この息子の語る筋の通らない理屈も、理不尽な言葉も、すべて分かっていたはずである。しかし、母は、私から電話があったとき、必ず、自分から、「すまなかったね・・」と語った。自分に非が無いときでも、「すまなかったね」と語った。そして、深い思いの込められた、この母の言葉を聞くと、私は、いつも、固まってしまった自分の心が、静かに溶けていくことを感じていた。

私は、若き日に、こうした母の姿から、「しなやかな心」の大切さを学んだ。たとえ「自分には非が無い」と思える出来事においても、自分から心を開き、相手に対して声をかけ、ときに、相手に謝ることのできる「しなやかな心」が、相手の心に静かに沁み込んでいくことを学んだ。

もとより、その母の姿を見て、すぐに、私が、そうした「しなやかな心」を持つことができたわけではない。その「しなやかな心」を行ずることができたわけではない。

しかし、その母の姿が、私自身の心の奥深くに「しなやかな心」の種を植え、それが、後に、小さな芽を吹き、少しずつ育っていったことは確かである。

そして、私は、実社会に出てから、この母の姿、「**自分に非の無い出来事に対しても、自分にも非があると思って、真摯に受け止める心の姿勢**」が、「**引き受け**」という「**こころの技法**」であることを学んだ。

この技法については、次の第三の「こころの技法」において語ろう。

すなわち、このY教授と母の言葉。人生において、人間関係の壁に突き当たったとき、誰かと心がぶつかったり、離れたとき、いつも、心の奥から聞こえてきたのは、Y教授が語った「君はね・・、可愛気が無いんだよ・・」という言葉であり、母が語った「広志・・、すまなかったね・・」という言葉であった。

そして、このY教授の言葉と、母の言葉が、いつも、自分の背中を押し、自分を励ましてくれた。そのお陰で、未熟な自分も、心がぶつかり、心が離れた相手に対して、「自分から声をかける」ということができたのかと思う。

しかし、こうして「自分から声をかける」ということができたとしても、最初は、なかなか、ぎこちない。特に、声をかけることができても、「自分から目を合わせる」ことができない。

昔から、**互いに嫌っている人間関係**や、**決裂した人間関係を評して、「目も合わせない」という言葉が使われる**が、だからこそ、人間関係を修復し、好転させていくとき、この「自分から目を合わせる」ということが重要になる。

なぜなら、「目は、口ほどに物を言い」という言葉があるように、**たとえ言葉を交わさなくとも、「目を合わせる」ことができるだけで、こちらの心の中の思いは、不思議なほど相手に伝わる**からである。

第一の技法において、人間同士のコミュニケーションの八割は、言葉以外のメッセージ、すなわち、表情や眼差し、仕草や身振り、態度や雰囲気などのメッセージで伝わると述べたが、なかでも、目を合わせたとき、実に多くのものが伝わる。

しかし、このとき大切なことは、「**表情を作らない**」ことであろう。いくら、コミュニケーションの多くは、表情や眼差しで伝わるといっても、それは、「表情を作る」という意味ではない。むしろ、我々が行うべきは、「表情を作る」のではなく、「**心の置き所を正す**」ことであろう。

すなわち、心の中で「自分の非を認める」という思いや「相手に謝りたい」という思い、さらには、「相手と和解したい」という思いがあれば、それは、ごく自然に、眼差しとなり、表情となって伝わる。決して、不自然に「表情を作る」必要はない。

では、人間関係がおかしくなったとき、心の中で自分の非を認め、自分から声をかけ、目を合わせることができたならば、何が起こるか？

素晴らしいことが起こる。

例えば、先ほどの著者の体験。

廊下の向こうからやってくるA君に対して、ぎこちないながらも、こう語りかけた。

「A君・・、昨日は、すまなかったな・・。自分が、少し言い過ぎた・・」

こうした瞬間には、不思議なことに、自分から声をかけると、自然に、目を合わせることができる。そして、ためらいながらも、詫びる言葉が口を衝いて出る。

そして、こうして自分から声をかけ、謝ることができたとき、相手から、一度たりとも、こう言われたことは無い。

「田坂、そうなんだよ！　お前に問題があるんだよ！」

一度たりとも、相手から、そう言われたことは無い。いや、自分から声をかけ、謝ることができたとき、相手からは、必ずと言って良いほど、次のような言葉が返ってきた。

「いや、田坂・・、俺こそ、少し言い過ぎたよ・・」

その瞬間は、いつも素晴らしい瞬間であった。

その一言で、**互いの固まっていた心が溶け、言葉にならない温かいものが通う、心に残る瞬間**であった。

そして、著者は、職場における人間関係を通じて、こうした心に残る瞬間を、何度も体験させて頂いたが、そこで、人間の心というものについて、大切なことを、二つ、学ぶことができた。

一つは、こうして、自分の非を認め、自分から声をかけ、謝ることができたとき、ほとんどの場合、**相手もまた、自分の非を認め、謝る姿を示す**ということ。すなわち、しばしば「**相手の姿は、自分の姿の鏡である**」ということが言われるが、この体験を通じて、その言葉が真実であることを学んだ。

もう一つは、こうして、**互いが和解する瞬間とは、ただ、人間関係が元に「修復」される瞬間ではなく、互いが、さらに深いところで結びつく「深化」の瞬間であるということ。**

すなわち、互いの「小さなエゴ」がぶつかるという体験は、処し方を誤らなければ、互いの関係を、さらに深める好機であるということを学んだ。

そして、この二つのことを学んだことによって、人生を歩むときの大切な覚悟を教えられた。

人とぶつからない人生、心が離れない人生が、良き人生ではない。
人とぶつかり、心が離れ、なお、それを超えて、深く結びつく人生。
それこそが、良き人生である。

心がぶつかったときこそ、「絆」を深める好機

いま、互いの「小さなエゴ」がぶつかるという体験は、互いの関係を、さらに深める好機である、と述べた。

では、なぜ、互いの「小さなエゴ」がぶつかる体験は、人間の関係を深めるのか？

その理由を、**人間の「深層意識」の動きの視点**から考えてみよう。

そもそも、誰かと意見がぶつかり、感情がぶつかり、心が離れたとき、我々の「**表層意識」の世界**では、相手に対する批判や非難、反感や嫌悪などの感情が動いている。

しかし、実は、その一方で、「**深層意識」の世界**では、次の二つの感情が動いている。

第一は、自分に対する嫌悪感（自己嫌悪）

第二は、相手に対する不安感（他者不安）

例えば、誰かと感情がぶつかったときには、表面的には、「彼は、どうしてあんな物の言い方しかできないんだ」や「彼女は、どうして、素直に受け止められないんだ」といった形で、相手の言葉や態度に対する「批判や非難の感情」が動いているが、実は、その心の奥深くでは、「どうして、彼の言葉で、つい感情的になってしまったのか・・」や「ああ、彼女の気持ちを考えて、言葉を選ぶべきだったのに・・」といった反省とともに、「**自己嫌悪」の感情**が動いている。

また、誰かと感情がぶつかったときには、表面的には、「彼は、もう許せない！」や「彼女は、顔も見たくない！」といった形で、相手に対する「反感や嫌悪の感情」が動いているが、実は、その心の奥深くでは、「彼が、どこかで、自分を批判しているのではないか・・」や「彼女は、誰かに、自分の悪口を言っているのではないか・・」といった**「他者不安」と呼ぶべき感情**が動いている。

我々が、他人の前で、誰かを厳しく批判や非難したり、辛辣な悪口や陰口を言ったとき、そのときは、溜飲が下がったような錯覚に陥るが、しばらくして、何かの「後味の悪さ」を感じる。実は、この**「後味の悪さ」の正体は、多くの場合、「深層意識」に生まれる、この「自己嫌悪」や「他者不安」に他ならない。**

そして、我々の心の中にある、この「深層意識」の世界を理解するならば、誰かと感情がぶつかったり、心が離れたりした後、自分から相手に声をかけ、謝ることがなぜ大切か、その深い意味が分かるだろう。

それは、ある意味で、**自分と相手の心の中にある「自己嫌悪」と「他者不安」を、同時に緩和・解消していくための営み**でもある。

すなわち、まず、自分から「すまなかった」と言って相手に謝ることによって、我々は、「人間関係の修復」ということを超え、自分の心の奥深くにある「自己嫌悪」と「他者不安」を緩和・解消することができる。

同時に、こちらから「すまなかった」と謝ることによって、相手もまた、「自分こそ、すまなかった」と謝りやすくなる。そして、そのことによって、相手もまた、心の奥深くにある「自己嫌悪」と「他者不安」を緩和・解消することができる。

分かり易く言えば、**互いにぶつかったとき、相手も、自分と同様、「深層意識」の世界では、「自己嫌悪」の感情から、相手に謝りたいと思っている。そして、「他者不安」の感情から、相手と和解したいと思っている。**

だからこそ、互いにぶつかったとき、「自分から素直に謝る」ということができるならば、それは、我々が思っている以上に、互いを、心の深い所で結びつけるのである。

これが、互いの「小さなエゴ」がぶつかるという体験が、互いの関係をさらに深める理由であるが、「深層意識」の世界での心の動きという点では、もう一つの理由がある。

それは、ぶつかったあと、互いに心を開き、謝り、和解すると、**「深層意識」の世界に「受容感覚」が生まれる**からである。すなわち、「相手が自分を受け容れてくれるという安心感」が生まれるからである。

なぜなら、人間同士、ぶつかる前は、いかに表面的に良好な関係を築いていても、心の深いところに、**「相手は、自分の欠点が出たとき、それも含めて、受け容れてくれるだろうか？」との不安**があるからである。

しかし、たとえ、互いの「小さなエゴ」がぶつかり、互いに心が離れ、相手を批判や非難し、心を閉ざしても、それでも、互いに心を開き、謝り、和解するという心のプロセスを辿ることができると、心の深いところに、**「相手は、自分の欠点や未熟さも含めて、受け容れてくれた」という安心感**が生まれ、「受容感覚」が生まれる。

そして、我々は、誰もが、心の奥深くで、自分自身の欠点や未熟さを知っており、それゆえ、心の深層で、相手や周りの人々に対して「自分の欠点や未熟さも含めて、認め、受け容れてほしい」という密かな願いを持っている。

互いにぶつかった後の和解に伴って生まれる「受容感覚」が、互いの人間関係を、さらに深いところで結びつけるのは、それが理由でもある。

ちなみに、世の中で語られる**「家族の絆の強さ」**と呼ばれるものの一つの大きな意味は、この「受容感覚」である。

すなわち、永い年月、一つの屋根の下に住み、生活を共にし、互いの人間としての欠点や未熟さをさらけ出し、「小さなエゴ」がぶつかり合う「家族」という存在。

それは、まさに、「家族は、自分の欠点や未熟さも含めて、受け容れてくれている」という意味で、**本来、最も深い「受容感覚」を感じられる場**に他ならない。

自分から心を開いて、拒否されたらどうするか？

しかし、こう述べてくると、読者から疑問の声が挙がるかもしれない。

「ぶつかった相手に対して、こちらから心を開いて語りかけ、

それでも、相手の心が開かなかったときは、どうするのか?」

たしかに、世の中には様々な人間関係がある。すべての人間関係が、こちらから心を開けば、相手も心を開くとはかぎらない。現実には、相手の心が開かない場合もあるだろう。そして、そうなったとき、かえって、こちらの心が傷つくことがあるかもしれない。もし、そのことを恐れる読者がいるならば、著者は、「それでも、心を開くべき」と語るつもりはない。

しかし、そうした読者のために、敢えて、**三つの視点**をアドバイスしておきたい。

第一は、人間の心は、我々が思っている以上に、しなやかだ、ということである。

先ほどのエピソードにおいて述べたように、著者は、これまでの人生において、「自分の非を認め、心を開き、ときに、率直に謝る」ということを、自分自身の成長のための「こころの修行」として、様々な場面で行ってきたが、これを行って、相手が心を開いてくれなかった例は、実は、数えるほどしかない。

その経験から学んだものは、我々が思っている以上に、人間の心は「しなやかさ」を持っているということである。「もう、どうしようもない。手の打ちようが無い」と思われた、こじれた人間関係が、こちらの心を込めた一言で氷解した場面も、いくつも体験してきた。

第二は、自分の心を開くことで、何よりも、自分の心が救われる、ということである。

先ほど述べたように、誰かとぶつかったとき、我々の表面意識の世界では、相手を批判したり、非難する感情も生まれるが、実は、深層意識の世界では、「自己嫌悪」の感情や「他者不安」の感情が生まれ、密やかに、自分を苦しめている。

しかし、もし、我々が、自分の非を認め、心を開き、ときに、率直に謝るということができたならば、その「自己嫌悪」や「他者不安」の感情が薄らいでいき、心が救われていく。

第三は、相手が心を開いてくれなくとも、こちらの心は伝わっている、ということである。

人によっては、心のブロックが硬く、こちらが非を認め、心を開き、率直に謝っても、心を開いてくれないときがある。しかし、相手が、そうして表面的には拒絶しても、実は、こちらの心は相手に届いている。こちらの非を認める思い、心を開こうとする気持ち、率直に謝る心は、相手に届いている。そして、そのことが、やはり、相手の深層意識にある、「自己嫌悪」や「他者不安」の感情を和らげていることも事実である。

そして、この三つのアドバイスに加え、もう一つ、大切なことを伝えておこう。

では、もし、我々が、「どうせ、相手は、心を開いてくれることはない」と思い、**和解の努力をしなかったならば、何が起こるか？**

最悪の場合には、何もしなくとも、ますます関係が悪化していく。

それは、なぜか？

人間関係がこじれていく「本当の理由」

人間の心には、「自己正当化」の性質と、「自己防衛」の性質があるからだ。

分かり易く説明しよう。

先ほども述べたように、誰かとぶつかったとき、我々の深層意識の世界では、「自己嫌悪」の感情や「他者不安」の感情が生まれ、それが、密やかに、自分を苦しめる。

このとき、その「自己嫌悪」や「他者不安」の感情を消していくための最も良い方法は、「相手と和解する」ということなのだが、しばしば、我々の心の中の「小さなエゴ」は、逆に向かう。

すなわち、その**「自己嫌悪」の感情を消していくために、さらに相手の欠点や問題点を**

探し始めるのである。そして、そのことによって、「ああ、自分があの人を批判し、非難したことは、間違っていないのだ」と、**自分の姿を、無意識に正当化しようとする**のである。

心理学の世界では、例えば、ある新車の魅力を語ったパンフレットを読みたがるのは、すでにその新車を買った人であり、そのパンフレットを読むことによって、「自分の選択は間違っていなかった」と思おうとすると言われているが、このように、**人間の心には、自分の過去の選択や行為を「正当化」しようとする傾向がある。**

そのため、誰かと感情がぶつかり、心が離れたとき、その自分の行為を「正当化」するために、無意識に、相手の欠点や問題点を探し始めてしまうのである。

また、我々は、心の深いところに、「相手が、どこかで、自分を批判しているのではないか・・」や「相手は、誰かに、自分の悪口を言っているのではないか・・」といった**「他者不安」の感情を抱くと、無意識に防衛本能が働き、「自己防衛」に向かい、その相手に対して、ますます批判的になり、ますます攻撃的になっていく傾向がある。**

これは、**世の中で人間関係がこじれていくときに共通の心理的プロセス**でもあるが、もし、我々が、「どうせ、相手は、心を開いてくれることはない」と思い、和解の努力をしなかったならば、最悪の場合には、こうした心理的プロセスによって、ますます関係が悪化していくこともあることを、深く理解しておく必要がある。

しかし、ここで、また、読者から疑問の声が挙がるかもしれない。

「相手が心を開いてくれないときの処し方は、分かったが、そもそも、自分自身が、自分の非を認め、心を開き、率直に謝るという気持ちになれないときは、どうすれば良いのか？」

その疑問である。

この疑問に対しては、「そこを努力して、心を開くべきだ」といった精神論的な答えは意味がない。むしろ、この疑問に答えるためには、我々の心の中の「小さなエゴ」について、もう少し深く考えてみる必要がある。

次の第三の技法では、そのことを考えてみよう。

第三の「こころの技法」

心の中の「小さなエゴ」を見つめる

なぜ、「自分の非」を認められないのか？

日々の人間関係の中で人間を磨いていく、第三の「こころの技法」は、

心の中の「小さなエゴ」を見つめる

である。

なぜなら、第一の技法で、「心の中で自分の非を認める」という技法を述べたが、我々の心は、しばしば、「自分の非を認められない」という状況になるからである。そして、その原因は、我々の心の中にある「小さなエゴ」が生み出している。

では、**なぜ、我々は、自分の非を認められないのか？**
なぜ、我々の心の中の「小さなエゴ」が、その原因なのか？

例えば、職場のリーダーA君が、ある仕事で大きなミスをする。誰が見ても、彼の責任である。A君自身も、それが分かっている。

しかし、上司から「どうして、こんなミスが起こったんだ？」と聞かれたとき、「自分の確認ミスです」と正直に言えない。つい、「自分の確認ミスもあると思いますが、私もリーダーとしての仕事で忙しいので、サブリーダーのB君も、気がついていたら、教えてくれれば良かったのにと思います」と言ってしまう。

その言葉を上司から聞いたB君、A君への不信感を抱き、一緒に仕事をしたくないと言い出す。昨日から、職場で目も合わせなくなっている。

このA君、なぜ、ついB君に責任転嫁をしてしまったのか。

A君自身、その理由を、本当は分かっている。自分の非を認めると、上司からの評価が下がる。自分が無能な人間だと思われたくない。職場のメンバーの前で顔が立たない。そして、このミスの責任を認めてしまうと、自分に自信が無くなる。自分が価値の無い人間のように思えてしまう・・。


例えば、町内会に出席したC氏、今度の祭りの運営について、D氏と意見がぶつかる。最初は、穏やかに議論していたのが、D氏のささいな一言で、プライドを傷つけられたように感じ、つい議論が熱くなり、言葉が激しくなってしまう。相手のD氏も、こちらの言葉でプライドを傷つけられ、興奮してきて、最後は、言い合いになってしまう。他の出席者が仲裁に入り、その場は収まるが、このC氏、家に帰ってからも、憤懣（ふんまん）は収まらない。家族に対して、「Dは、偉そうに物を言う」「祭りのことを、何も分かっていない」「彼は、すぐに感情的になる」と批判する。

しかし、C氏は、心の片隅で思っている。「なぜ、あの一言で、自分こそ感情的になってしまったのか・・」「たしかに、D氏の言うことも一理あるのだが・・」「やはり、自分も、少し言い過ぎた・・・」。けれども、C氏、その自分の非を認められない。自分にも面子がある。D氏に、見下されたくない。そして、町内会のメンバーからの評判を落としたくない・・・。

このA君やC氏の例に示したように、**我々が、自分の非を認められないときというのは、ほとんどの場合、心の中で「小さなエゴ」が動いている。**

A君の例で言えば、「上司からの評価を下げたくない」「自分が無能な人間だと思われたくない」「職場のメンバーの前で顔が立たない」「自分に自信が無くなる」「自分が価値の無い人間のように思いたくない」といった思い。

C氏の例で言えば、「自分にも面子がある」「D氏に、見下されたくない」「町内会のメンバーからの評判を落としたくない」といった思い。

そうした思いは、いずれも、心の中の「小さなエゴ」の動きの現れであるが、この「**小さなエゴ」は、我々の心の奥底で、いつも、「自分は正しい！」「自分は悪くない！」「自分は優れている！」「自分に欠点は無い！」と叫び、「自分は変わりたくない！」「自分はこのままで良い！」と叫んでいる。**そして、それが、いつも、自分の非や欠点や未熟さを見つめ、認めることを拒む。そして、我々の中の「小さなエゴ」は、自分の非や欠点や未熟さを認めざるを得ない状況になると、誰か他人に責任を転嫁することや、他人の非や欠点や未熟さをあげつらうことで、現実の自分の姿を直視することから逃れようとする。

「小さなエゴ」と「大きなエゴ」の目に見えない戦い

しかし、**我々の心の中には、こうした性質を持つ「小さなエゴ」がある一方、「大きなエゴ」と呼ぶべきものもある。この「大きなエゴ」は、「小さなエゴ」とは逆に、「いまの自分を変え、さらに成長したい」「いまの自分よりも、さらに成熟した人間になりたい」と願っている。**

すなわち、我々が、自分の非を認めることができないときとは、自分の心の中で、「小さなエゴ」の「自分は正しい!」「自分は優れている!」「自分は変わりたくない!」という声が「大きなエゴ」の声に勝る(まさ)ときであり、逆に、素直に自分の非を認めることができるときとは、「大きなエゴ」の「自分の至らぬところを認め、さらに成長していこう」「この未熟さを超え、人間として、さらに成熟していこう」という声が、「小さなエゴ」の声に勝るときである。

実は、この**「小さなエゴ」と「大きなエゴ」は、いつも、我々の心の中で「目に見えない戦い」をしている**のだが、この戦いが表面に出てくるのは、特に、他人から「耳を傾けるべき批判」、しかし、「耳の痛い批判」をされたときである。

その批判を、どう受け止めるか？　その批判に、どう処するか？

そこに、我々の心の中の「小さなエゴ」と「大きなエゴ」の姿が、如実に現れる。

例えば、著者は仕事柄、永年、色々な経営者に出会ってきたが、ある年齢に達し、企業経営において優れた業績を残してきた経営者でも、その心の中には、やはり「小さなエゴ」があり、それが、ときに「大きなエゴ」との目に見えない戦いをする瞬間がある。

ある中小企業の経営者は、社外の人間から、経営者としての課題を指摘されたとき、「そんなことはありませんよ！」と言下に否定した。その瞬間の「感情的な反発」に近い心の動きを見ると、それが耳の痛い指摘であったことは理解できるが、残念ながら、その瞬間の経営者の心は、「私は間違っていない!」と叫ぶ「小さなエゴ」の声に占められていた。

また、あるベンチャー企業の経営者は、やはり社外の人間から、経営における問題点を指摘されたとき、一瞬、納得できないという表情をしたが、直後に、心の中に別の人格が現れ、冷静に「そうかもしれませんね・・」と言った。指摘された瞬間には、心の中で、「小さなエゴ」が動いたが、すぐに、「この話は、自分の経営者としての成長のために、一度、素直に受け止めておこう」という「大きなエゴ」が前に出てきた瞬間であった。

そして、ある大企業の経営者は、経営幹部との合宿で、敢えて幹部全員から、自分の経営トップとしての問題点を指摘してもらった。それに対して、幹部諸氏は、率直に、忌憚の無い意見を次々に述べたが、最後に、その経営者、「いやあ、実に耳の痛いことを言ってくれた! 冷たいシャワーを浴びた心境だよ。目が覚めた!」と苦笑しながらも、それらの言葉を正面から受け止めていた。その表情は、心の中の「小さなエゴ」が、無理に謙虚さを装っている姿ではなく、経営者として成長していこうという「大きなエゴ」が勝(まさ)った姿であった。

もとより、これは、経営者やマネジャーだけではない。新入社員であろうとも、学生であろうとも、主婦であろうとも、老人であろうとも、人間であるならば、誰であれ、その心の中には、こうした「小さなエゴ」と「大きなエゴ」の目に見えない戦いがある。

そして、この三人の経営者の姿に示されるように、心の中の「**大きなエゴ**」の声に従って動く人物からは、人間としての「**謙虚さ**」が伝わってくるが、逆に、心の中の「**小さなエゴ**」の声に支配される人物からは、しばしば、「**傲慢さ**」と呼ぶべきものが伝わってくる。

それは、なぜだろうか？

自分に本当の自信がないと、謙虚になれない

かつて、臨床心理学の河合隼雄氏と対談をしたとき、話題が「謙虚さ」ということに及んだが、そのとき、河合氏が語った言葉が、心に残っている。

「**人間、自分に本当の自信が無いと、謙虚になれないんですよ**」

この言葉を聞くと、すぐに、「それは、逆ではないか？」と感じる読者もいるだろう。

「人は、自分に自信が無いから、謙虚になるのではないか？」
「人は、自分に自信がつくと、傲慢になっていくのではないか？」

しかし、実は、そうではない。この河合氏の指摘する通り、人間というものは、自分に本当の自信が無いと、謙虚になれない。

著者が過去に出会ってきた様々な人物を振り返ってみても、この河合氏の指摘は、まさにその通り。たしかに、「謙虚さ」を身につけた人物を見ていると、その穏やかな人柄の奥から「静かな自信」とでも呼ぶべきものが伝わってくる。ただし、ここで述べる「謙虚さ」とは、ただ表面的に「謙虚さ」を装って振る舞うことではない。

真の「謙虚さ」とは、まさに、「自分の非や欠点や未熟さを、素直に認められる」ということであり、その非や欠点や未熟さを、一つ一つ克服しながら成長していこうとする姿勢のことである。

先ほど紹介した三人の経営者を例にとれば、三人目の経営者は、まさに、その「謙虚さ」を持った人物であろう。逆に、一人目の経営者は、自分に「本当の自信」を持たないがゆえに、謙虚に相手の意見に耳を傾けることができない人物の姿であろう。

ただ、こう述べると、やはり読者から疑問の声が挙がるだろう。

「しかし、その経営者は、企業経営においては、優れた業績を残してきた経営者ではないか？それならば、本当の自信を持っているのではないか？」

「競争に勝つ」ことでは得られない「本当の自信」

しかし、実は、そうではない。

傍から見ていると、**それなりの業績を挙げてきた経営者でも、その内面に「本当の自信」を持たない人物は、決して珍しくない。**

それは、なぜか？

その経営者が、「競争」に勝つことによって「自信」を得ようとしてきたからである。

しかし、**「本当の自信」とは、人との「競争」に勝つことによって得ることはできない。**

なぜなら、「競争」というものは、一つの競争に勝っても、必ず、次の競争が待っているからだ。それゆえ、一つの競争において勝者となっても、得られるものは、その瞬間の「一時的で擬似的な自信」に過ぎず、むしろ**心の奥深くに広がるのは、次の競争に負けるのではないかとの「不安」**だからである。

あるベンチャー企業の経営者は、激しい市場競争の中で企業を率いているが、しばしば、社員に対して「俺は負けない！」と強気の発言をする。その姿を見ていると、むしろ、その経営者の内面の「自信の無さ」と「不安」が伝わってくる。そして、それは、怖いことに、社員の深層意識にも伝わっていく。

そもそも、**「本当の自信」を持つ人間は、「俺は負けない！」といったことを口にしない。競争の勝ち負けで、自分という人間の価値が決まると思っていないからである。**

しかし、世の中には、競争に勝つことによって、自分が「価値ある人間」であることを証明しようとする人が少なくない。だが、改めて言うまでもなく、**人生における「人間の価値」とは、競争での勝敗とは全く違う次元のものである。**それは、市場競争の勝者となった経営者が、企業倫理に反することを行い、スポーツ競技で勝者となった選手が、社会倫理に反する行為に手を染める姿からも理解できることであろう。

そして、この「本当の自信」の欠如は、決して、経営者にかぎったことではない。

例えば、世の中を見渡すと、**見事なほどの学歴を持っている人が、「本当の自信」を身につけていない**という、不思議な姿が目につく。

それは、立派な学歴を持ち、ある年齢に達し、ある社会的地位に立って、なお、その身体から「傲慢さ」を滲ませている人物である。

河合隼雄氏が述べているように、人間というものは、自分に「本当の自信」が無ければ、「謙虚」になれない。

言葉を換えれば、人間というものは、「本当の自信」を持っているならば、自然に「謙虚さ」が醸し出されてくる。逆に、**ある年齢と社会的地位に達して、なお、「傲慢さ」を滲ませている人物は、その内面において、「本当の自信」を身につけていない**のであろう。

では、なぜ、見事なほどの学歴を持っている人が、その内面に「本当の自信」を身につけていないのか？　その「自信」から生まれる「謙虚さ」を身につけていないのか？

それは、この国においては、「高学歴」というものが、「競争」に勝つことによって得られるものだからであろう。

改めて言うまでもなく、我が国において「学歴」というものは、激しい受験競争を勝ち抜いて獲得されるものであるため、**どれほど、その競争に勝ち続けても、常に、さらに上位の競争に巻き込まれ、常に、他者との比較の世界に置かれ続ける**。そのため、常に「敗者となる不安」が、心の奥深くに広がり、決して「本当の自信」は得られない。


例えば、受験競争に勝ち抜いて有名大学に入っても、その大学での成績の競争がある。その競争に勝ち抜いて、仮に中央官庁に就職しても、官庁間の序列がある。主力官庁に就職しても、その中で、昇進を巡っての競争がある。そうした「競争」の世界を歩むかぎり、そして、その「競争」に勝つことを自分の価値と考えているかぎり、競争に敗れることの「不安」と、競争に敗れたときの「劣等感」を味わうことはあっても、「本当の自信」と「真の謙虚さ」は、決して身につかない。むしろ、その**見事な学歴や経歴にもかかわらず、**

心の奥深くに「密やかな劣等感」を持ちながら、周りに対しては、人の心を遠ざける「無意識の傲慢さ」を滲ませる、奇妙な人物が生まれてくるだけであろう。

では、どうすれば「本当の自信」を身につけることができるのか？

そのことを論じる前に、もう一つ、大切なことを語っておこう。

自分が本当に強くないと、感謝ができない

先ほど述べた、河合隼雄氏との対談において、河合氏は、「人間、自分に本当の自信が無いと、謙虚になれないんですね」という言葉に続いて、もう一つ、心に残る言葉を語った。

「人間、自分に本当の強さが無いと、感謝ができないんですね」

これもまた、その通り。

もとより、ただ「言葉」だけの感謝であれば、誰でもできる。日々、誰でも行っている。自分のために何かをしてくれた人を目の前にして、「有り難うございます」と言う光景は、世に溢れている。しかし、こうした言葉の背後に、本当に「感謝の気持ち」があるかと言えば、ただ「儀礼」として、反射的にそう語っている場合が大半であろう。

しかし、もし、**目の前にその人がいないとき、一人、心の中で、その人に感謝できるとすれば、それが「本当の感謝」に他ならない。**

例えば、長い結婚生活において、誰もが、何がしか、伴侶に対して、「ああして欲しい」「こうしてくれたら」という不満を抱いているだろう。しかし、会社からの帰り道、一人、自宅に向かいながら、心の中で伴侶に対して、「ああ、いつも、自分を支えてくれて有り難う・・」と思えるとすれば、それは、「本当の感謝」であり、まさに河合氏の言う通り、その人の「心の強さ」の現れであろう。

たしかに、我々は、心が強くなければ、もしくは、心が弱っているときは、相手に対して「こうして欲しい」「なぜ、こうしてくれないのか」といった要求や不満の思いを抱くだけで、その相手に対して感謝の思いを抱くことはできない。

　ある小さな企業の経営者は、朝起きたとき、心の中で、社員全員の顔を一人ひとり思い浮かべながら、「A君、有り難う」「Bさん、有り難う」との言葉を唱え、感謝の思いを抱くという。この経営者は、**「心の強さ」を持っている人物**であろう。

　たしかに、誰といえども、経営が苦しいとき、職場の雰囲気が悪くなっているとき、朝起きた瞬間に、社員のことを思い出し、「A君は、どうして、こうなんだ」「Bさんには、もっとこうして欲しいのに」という思いが浮かぶこともあるだろう。しかし、その思いが浮かんだ瞬間に、その思いを振り払うように、たとえ数十秒でもよい、社員一人ひとりの顔を思い浮かべながら、心の中で、感謝の言葉を唱え、感謝の思いを抱くことができるならば、それは、見事な「心の強さ」であろう。

　そして、人間の心とは不思議なもの。その数十秒、心の中で感謝の言葉を唱えた後、「A君は、どうして、こうなんだろう・・」「Bさんには、もっとこうして欲しいが・・」という思いに戻るならば、そのときの心境は、朝起きた瞬間の心境とは、全く違っている。

これは、「小さな企業の経営者」だけでなく、「小さな職場のマネジャー」「小さな組織のリーダー」にとっても、同様の真実であろう。

そして、実は、我が国には、「大企業の経営者」や「大組織のリーダー」にも、同様の感謝の行を求める言葉がある。

この日本という国に、永く伝わる言葉である。

「千人の頭となる人物は、千人に頭を垂れることができなければならぬ」

これは、「頭」という字を二回使った格言であるが、日本において、リーダーを務める立場の人間ならば、誰もが心に刻むべき言葉であろう。

どうすれば、本当の自信と強さが身につくのか？

しかし、ここまで読まれて、読者は、一つの疑問を持たれたのではないだろうか？

「もし、自分に『本当の自信』が無ければ、謙虚になれないならば、その『本当の自信』は、どのようにして身につければよいのか？」

「もし、自分に『本当の強さ』が無ければ、感謝ができないならば、その『本当の強さ』は、どのようにして身につければよいのか？」

その疑問である。

もとより、この問いに対して、安易な答えは無いが、一つ、大切なことを述べておこう。

それは、この言葉は、「逆もまた真実である」ということである。

すなわち、

人間、「謙虚さ」の修行を続けていると、自然に「本当の自信」が身についてくる。

人間、「感謝」の修行を続けていると、自然に「本当の強さ」が身についてくる。

例えば、日々の仕事や生活において、「謙虚さ」の一つの表れである「自分の非を認める」という修行を続けていると、自然に「静かな自信」と呼ぶべきものが身についていく。

また、先ほど紹介した小さな企業の経営者のように、経営が苦しいときも、職場の雰囲気が悪いときも、朝起きた後、心の中で、社員一人ひとりに「感謝する」という修行を続けていくと、自然に「静かな強さ」が身についていく。

そして、実は、この二つの修行を兼ねたものとして、一つの優れた奥深い修行があり、「こころの技法」がある。

では、それは、どのような修行であり、「こころの技法」か？

やはり、著者の若き時代のエピソードを紹介しよう。

上司から、大切なことを学んだエピソードである。

本当の強さとは、「引き受け」ができること

著者が企業に就職し、新入社員として働き始めた頃のことである。

あるとき、一人の上司から、食事に誘われた。

レストランで楽しく時を過ごし、食事を終え、最後のコーヒーを飲んでいるとき、その物静かな上司が、ふと、独り言のように、語り始めた。

「毎日、会社で色々な問題にぶつかって、苦労するよ。
そのときは、会社の方針に原因があると思ったり、
周りの誰かに責任があると思って、腹を立てたりもするのだけれど、
家に帰って、一人で静かに考えていると、いつも、一つの結論にたどり着くのだね。
すべては、自分に原因がある。
そのことに気がつくのだね・・」

その言葉を聞いたとき、それは、上司が仕事の苦労を述懐しているのかと思ったのだが、帰途につき、一人、夜道を歩いていると、ふと、その言葉が心に蘇ってきた。

そして、気がついた。

あの上司は、自らを語る姿を通して、若く未熟な一人の人間に、大切なことを教えてくれていたのであった。

「引き受け」

心の中で、すべてを、自分自身の責任として、引き受けること。

その上司は、当時、プロジェクトのトラブルで色々と苦労し、周囲に対して、やり場の無い不満を心に抱いていた私に、その心の姿勢の大切さを、そっと婉曲に教えてくれたのであった。

もとより、人生において問題に直面したとき、現実的には、誰か他人の責任を問うこともあるだろう。法律的には、明らかに他の人間の責任が問われることもあるだろう。

しかし、その場合においても、心の中で、「自分に責任があったのではないか?」「自分に問われていることがあるのではないか?」と問うこと、それが、この「引き受け」という心の姿勢である。

たしかに、この「引き受け」という心の姿勢で処することは、決して容易ではない。

しかし、**もし、我々が、その心の姿勢を大切にして人生の問題に処していくならば、我々は、確実に、一人の職業人として、一人の人間として、成長できる。**

逆に、我々が成長の壁に突き当たるときは、この「引き受け」ができない。

仕事や生活において問題に直面したとき、常に、自分以外の誰かに、そして、自分以外の何かに、その原因を求めようとしてしまう。

その背後には、すでに述べたように、我々の心の中の「小さなエゴ」の叫びがある。それは、常に、我々の心の奥深くで、「自分は、悪くない！」「自分は、間違っていない！」と叫び続けている。

しかし、もし、我々が、人生を歩むとき、この「引き受け」という心の姿勢を大切に、道を歩むならば、すべての問題を、自分の成長の糧としていけるだけでなく、いつか、自分が大切なものを身につけていることに気がつくだろう。

静かな強さ

静かな自信

それは、「誰かに勝つ」ことや「競争に勝つ」ことによって得られる一時的で疑似的な「強さ」や「自信」ではなく、人間が、その生涯を通じて身につけていくべき「真の強さ」であり、「真の自信」であろう。

あのとき、あの物静かな上司から伝わってきたものは、その「静かな強さ」であり、「静かな自信」であった。

「心の中で、すべてを、自分自身の責任として、引き受ける」という、この「引き受け」。

もし、我々が、この「引き受け」を「こころの技法」として身につけるならば、それは、**「自分に非の無いことも含めて、自分の非として認める」**ものであり、「心の中で自分の非を認める」という「**こころの技法**」**の中でも、最も高度な技法**であろう。

さて、ここまで、仕事や生活において、誰かとの不信や不和、反目や反発、対立や衝突があったとき、その相手との人間関係を良き方向に転じるために、

「心の中で自分の非を認める」
「自分から声をかけ、目を合わせる」
「心の中の『小さなエゴ』を見つめる」

という三つの技法について語ってきた。

しかし、ここで、読者からの疑問の声が挙がるかもしれない。

「それは分かるが、やはり、人生においては、なかなか好きになれない人がいる。その『感情の問題』は、どうしようもないのではないか？」

では、誰かを「好きになれない」ということは、「感情の問題」なのだろうか？

次に、そのことを考えてみよう。

第四の「こころの技法」

その相手を好きになろうと思う

なぜ、「嫌いな人」を好きになれるのか？

人生においては、なかなか好きになれない人がいる。
その「感情の問題」は、どうしようもない。
しばしば、そういう声を聞く。
では、誰かを「好きになれない」ということは、「感情の問題」なのだろうか？

たしかに、嫌いな人を「好きになる」ことは、容易ではないだろう。
しかし、嫌いな人を「好きになろうと思う」ことはできる。

それゆえ、第四の「こころの技法」は、

その相手を好きになろうと思う

である。

この技法の意味を説明するために、また、一つのエピソードを紹介しよう。
これも、著者が企業に就職し、新入社員として歩み始めたときのエピソードである。

四月一日の入社式を終え、都内での一週間の新入社員研修を終えた後、人事部長から新入社員全員に対する訓示があった。
そこで、人事部長が語った言葉が、いまも心に残っている。

「君たちは、明日から、当社の各部署に配属になる。

そこで、一つ、アドバイスをしておこう。


配属になったら、最初に、その職場を見渡しなさい。

そして、その職場で、最も好きになれそうにない人を、見つけなさい。

そして、その人を見つけたら
その人を、好きになりなさい」

この言葉を聞いたとき、一瞬、耳を疑った。

なぜなら、「最も好きになれそうにない人を、好きになれ」ということは、無理な要求だと思ったからである。

そもそも、好き嫌いは、感情の問題であり、意志では、どうにもならないのではないか？

それが、この人事部長の言葉を聞いたときの、最初の思いであった。

しかし、その後、現場に配属になって仕事を始めると、この人事部長の言葉の意味が、少しずつ分かってきた。

なぜなら、配属になった現場においても、上司や先輩たちが、ときおり、「人を好きになれ」という言葉を語っていたからである。

そして、たしかに、企業の現場では、部署に配属になったり、チームに参加したとき、まず、その部署のメンバーを好きになり、そのチームのメンバーを好きになることが、最初の大切な仕事であった。もとより、それは、言葉で言うほど簡単なことではなかったが、その部署やチームで、良い仕事をしようとするならば、必ず求められる大切な心構えであった。

そして、企業の現場で、そうした「人を好きになる」という努力をしていると、次第に、**好き嫌いということは、変えがたい「感情の問題」ではなく、努力次第で変えられる「意志の問題」である**ことが、身体的に分かるようになってきた。

しばしば、世の中には、「嫌いなものは、嫌い」という言葉を簡単に発する人がいるが、それは、残念ながら「成熟した精神」とは言えないだろう。

もとより、人間には、「どれほど努力しても好きになれない人」というものがあることは否定しないが、「嫌いなものは、嫌い」という言葉は、少なくとも、「好きになる」ための努力を尽くした後に、心から零(こぼ)れ落ちるように出てくるべき言葉であろう。

そして、一人の未熟な人間である著者の人生を振り返ってみても、出会った当初、「この人は好きになれない」と思った人物と、何年かの歳月を共に歩み、不思議なほど深い結びつきになることは、何度もあった。

そして、その歩みの軌跡は、振り返れば、まぎれもなく、自分自身の人間としての成長と成熟の軌跡でもあった。

それゆえにこそ、「その相手を好きになろうと思う」ということを、人間関係に処していく大切な「こころの技法」として、述べておきたい。

では、「相手を好きになろう」と思ったとして、どうすれば、その「好きになれない人」を、意識的に好きになることができるのか？

もとより、「嫌いな相手を好きになる」ための簡単な方法は無いが、そのための参考になる、「人間を見つめる視点」は、幾つかある。

それを、ここでは「**五つの視点**」として述べておこう。

本来、「欠点」は存在しない、「個性」だけが存在する

第一は、「本来、『欠点』は存在しない、『個性』だけが存在する」という視点である。

そもそも、なぜ、我々は、誰かを嫌いになるのか？

しばしば、我々は、人を好きになれないとき、「彼の、あの欠点が嫌いだ」「彼女の、あの欠点は、我慢できない」といった言葉を使うが、**そもそも、この「欠点」とは何か？**

科学の世界に、この言葉の意味を示唆してくれる、興味深い言葉がある。

それは、「発酵」と「腐敗」という言葉である。

実は、科学の世界における、この言葉の定義を知ると、誰もが、その「非科学的な定義」に驚くだろう。

例えば、牛乳を「発酵」させると「ヨーグルト」ができる。
一方、牛乳を「腐敗」させると「腐った牛乳」ができる。
では、「発酵」と「腐敗」の違いは、何か？

その違いを、科学の教科書には、こう書いてある。

「発酵」も「腐敗」も、微生物が有機物質を分解する性質。
そのうち、人間にとって有益なものを「発酵」と呼び、
人間にとって有害なものを「腐敗」と呼ぶ。

この「発酵」と「腐敗」に関する定義を読むと、読者は、「科学的客観性」を超えた「人間中心」の主観的な定義に、驚くのではないだろうか？

そして、この**「発酵」と「腐敗」の定義についての「人間中心」の視点を見ると、**それが、**人間の「長所」と「欠点」を論じるときの「自己中心」の視点と似ていることに気が**

つくだろう。

すなわち、我々は、「発酵」と「腐敗」の定義を論じるとき、人間にとって有益なものを「発酵」と呼び、人間にとって有害なものを「腐敗」と呼ぶが、同様に、我々は、「長所」と「欠点」の定義を論じるとき、自分にとって好都合なものを「長所」と呼び、しばしば、自分にとって不都合なものを「欠点」と呼んでいる。

例えば、いまここに、一人の人物がいる。彼の性格について周りの意見を聞くと、全く逆の評価が戻ってくるかもしれない。

「彼は、おっとりとした性格なので、一緒にいると、気持ちが安らぐんですね」
「彼は、とろいところがあるので、急ぎの仕事などを頼むときは、いらいらしますね」

また、ここに、別な人物がいる。彼女の性格について周りの意見を聞くと、やはり全く逆の評価が戻ってくるかもしれない。

「彼女は、てきぱきと物事に処する性格なので、一緒に仕事をすると、助かるんですね」
「彼女は、短気な性格なので、一緒にいると、なんか気が休まらないんですね」

このように、**一人の人物の性格は、それを見る立場と、置かれた状況によって、「長所」にもなれば、「欠点」にもなる。**

そう考えるならば、実は、世の中に、本来、人間の「長所」や「欠点」というものは存在しない。

存在するのは、その人間の「個性」だけである。

そして、我々は、その人の「個性」が、自分や周囲に好都合な形で発揮されたとき、それを「長所」と呼び、自分や周囲に不都合な形で発揮されたとき、それを「欠点」と呼んでいるだけにすぎない。

誰かに対して、「彼の、あの欠点が嫌いだ」「彼女の、あの欠点は、我慢できない」といった思いが浮かぶとき、我々は、この「長所」と「欠点」の定義を思い起こすべきであろう。

「嫌いな人」は、実は、自分に似ている

第二は、「嫌いな人は、実は、自分に似ている」という視点である。

こう述べると、驚きを感じる読者もいるだろうが、実は、この言葉は、しばしば、真実である。

例えば、一般に、家庭などで、父親と娘が、よく意見がぶつかるという場合がある。こうした状況を、よく見てみると、この父親と娘、遺伝的に互いの性格が似ているということが原因になっていることも多い。

遺伝的には、娘が父親の性格に似て、息子が母親の性格に似るということは、しばしば起こると言われるが、この場合には、似た性格だからこそ、互いに父親と娘が、反発するということが起こっている。

また、例えば、企業などで、ときおり、こうした会話を耳にする。

会議で、二人の課長の意見がぶつかり、少し感情的な議論になった後、参加者の会話である。


「A課長、何で、B課長の意見に、あんなに反対するのだろうか？

少し感情的な反対のような気もするんだが・・」

「A課長は、B課長のことが、嫌いなんだろうな・・」

「どうして、そう思う？」

「だって、そうだろう。A課長とB課長、二人とも、性格が似ているんだよ・・」

「なるほど・・。やはり、そうか・・」


では、なぜ、「自分に似ている人を、嫌いになる」、もしくは、「嫌いな人は、自分に似ている」ということが起こるのか？

これは、我々人間の心には、**「自分の持つ嫌な面を持っている人を見ると、その人に対する嫌悪感が増幅される」**という傾向があるからである。そのため、「嫌いな人」の嫌いな部分をよく見てみると、自分の中にある嫌いな部分と同じであることに気がつく、すなわち、「自分に似ている」ということに気がつくのである。

これを、少し難しい言葉で表現すると、

「他者への嫌悪の感情は、しばしば、自己嫌悪の投影である」

という言葉になる。

たしかに、**人間には、自分でも嫌いな「自分の欠点」を指摘されると、それを認めたくないため、感情的に反発したくなる心理**があるが、同様に、相手の姿の中に、自分でも嫌いな「自分の欠点」を見ると、それを見たくないため、その相手をますます嫌いになると**いう心理**がある。

特に、相手の姿の中に、自分自身が心の奥深くに抑圧している「自分の欠点」を見つけると、それが「自己嫌悪の投影」であることさえ気がつかず、相手に対する嫌悪感を持つことがある。

そうした人間心理の機微を理解するならば、人生で「好きになれない人」や「嫌いな人」に出会ったとき、その人の持っている「欠点」が、自分の中にもあるのではないかと考えてみることも一つの方法であろう。

昔から語られる「**相手の姿は、自分の心の鏡**」という言葉は、この人間心理の機微を語った言葉でもある。

そして、「他者への嫌悪の感情は、しばしば、自己嫌悪の投影である」ということを理解するならば、我々は、もう一つ大切なことを理解しておく必要がある。

自分の中にある欠点を許せないと、同様の欠点を持つ相手を許せない。

この「自分の中にある欠点を許す」ということは、実は、我々の深層意識の世界に関わる、深く難しい課題であり、それができるようになることは、容易ではないが、我々は、この心の機微も、理解しておく必要がある。古典に語られる「**自分を愛せない人間は、他人を愛せない**」という言葉は、この心の機微の深みを語った言葉に他ならない。

「共感」とは、相手の姿が、自分の姿のように思えること

第三は、「共感とは、相手の姿が、自分の姿のように思えること」という視点である。

では、なぜ、このことが大切なのか？

なぜなら、「相手を好きになる」ためには、「相手に共感する」ことが、最良の道だからである。

しかし、世の中で、この「**共感**」**という言葉が、**「**賛同**」**という言葉**と混同して使われることがある。

例えば、「僕は、A君の意見に共感しますね」「私は、Bさんの考えに共感します」といった使い方である。

しかし、ただ相手の意見や考えに「賛同する」ということと、相手に「共感」するということは、全く違うことである。また、相手の意見や考えに「賛同する」ことが、その相手を「好きになる」ことを意味するわけでもない。

また、世の中では、この「共感」という言葉が、**「同情」という言葉**と混同して使われることもある。

しかし、この「同情」という言葉には、どこか、相手と自分の間に「心理的な距離」がある。そして、密やかな「上からの目線」が忍び込む。

一方、「共感」という言葉には、それが無い。なぜか?

「共感」とは、相手の姿が、自分の姿のように思えることだからである。

例えば、いま、部下の指導で苦労をしている二人の主任、A主任とB主任がいる。二人とも、それぞれ、若手社員のC君とD君を、夜遅くまで懇切に指導をしている。しかし、あまり物覚えのよくないC君とD君の指導に、かなりの時間とエネルギーを取られている。

少し疲れた表情の二人に、「どうして、そんなに頑張って部下を指導しているのか」と聞いてみると、A主任からは、次の言葉が返ってくる。

「いや、C君を見ていると、何か、可哀そうに思うんだよ・・。
誰かが指導をしてやらないと、このままじゃ、使い物にならないからな・・」

これに対して、B主任にも同じ問いを投げかけてみる。すると、この言葉が返ってくる。

「たしかに、D君は、少し物覚えが悪いので、指導に苦労するな・・。
でも、彼を見ていると、自分の若手社員の時代を思い出すんだな。
自分も、あまり物覚えが良い若手じゃなかったなって・・。
それを粘り強く指導してくれた先輩や上司がいたんだよ。
だから、自分も、頑張らないとな・・」

このA主任の姿、たしかに、夜遅くまでの部下指導には頭が下がるが、どこか部下のC君に対する「同情」という心境で動いている。

一方のB主任、部下のD君に対する「共感」で動いている。D君の姿が、若き日の自分の姿のように思えるという「共感」が、このB主任を動かしている。

この「賛同」と「同情」と「共感」、いずれも、我々が抱く「良き感情」であるが、「共感」という感情は、「相手の姿が、自分の姿のように思えること」であるため、「賛同」や「同情」という感情に比べて、相手との心の関係を、より深いものにしていく。

それゆえ、我々が、人生において、「好きになれない人」や「嫌いな人」と巡り会ったとき、相手に対して、この意味における「共感」を抱くことができれば、その人を、少しでも「好きになる」ことができるだろう。

例えば、ある人が示す人間としての「未熟さ」を見て、嫌悪の感情を抱くとき、一度、その感情から離れ、**「その人もまた、自分の未熟さを抱えて苦しんでいる」ことを理解し、「自分もまた、人間としての未熟さを抱えて苦しんできた」ことを思い起こすことができれば、その人に対する否定的な感情は、少しでも薄れていくだろう。**

相手の心に「正対する」だけで、関係は良くなる

第四は、「相手の心に『正対する』だけで、関係は良くなる」という視点である。

ここで「正対する」とは、相手に対して「心で正面から向き合う」ということである。

では、なぜ、この「正対」が必要か？

なぜなら、人間関係がおかしくなるときというのは、多くの場合、心の深くで、相手と「正対」せず、相手を「斜に構えて」見ているからである。

例えば、「あの人は、ああいう人だから」「この人は、どうしてこうなんだろう」「しょせん、言っても分からないから」「もう、無理だろう」といった冷笑的な眼差しや皮肉な眼差しで、相手を見ている。

そして、こうした眼差しで相手を見ているかぎり、相手も、無言のメッセージで、それを敏感に感じ取り、相手もまた、「斜に構えて」こちらを見るようになる。さらには、こちらと「正対して」向き合うことを避け、心を閉ざしてしまう。

また、この**「相手に正対できない」**ということは、**実は、家庭の中での人間関係において、しばしば起こる。**

こう述べると、意外に思われる読者がいるだろうが、実は、それが真実である。

では、なぜ、家庭における親子や夫婦が、互いに「正対」できないのか？

それは、**互いに、根拠のない「思い込み」がある**からである。

「自分は、子供のことは、よく分かっている」

「親父のことは、毎日、顔を合わせているから分かっている」

「夫婦なんだから、女房のことは、誰よりも知っている」

「亭主のことは、細かな癖まで、知り抜いている」

そうした「思い込み」があるからである。

しかし、現実には、**親子といえども、夫婦といえども、互いに独立した一つの人格である。**

どれほど永い年月を共にしても、互いに、その心の奥深くが分かっているわけではない。

それにもかかわらず、それを分かっていると思い込む。そして、自分の勝手な「思い込み」で相手を見る。

それが、家庭の中での人間関係において、「相手に正対できない」ということが起こる理由である。

従って、親子関係であっても、夫婦関係であっても、家庭の中での人間関係がおかしくなったとき、最初に行うべきことは、「相手のことは、分かっている」という「思い込み」を捨て、相手を一人の独立した人格として見つめ、心で「正対」し、相手の声に耳を傾けることである。

それをするだけで、何かが変わり始めるだろう。

このように、家庭の人間関係であろうとも、職場の人間関係であろうとも、友人・知人の人間関係であろうとも、**我々が、相手の心に「正対」し、「心で正面から向き合う」ことができるならば、それが、どれほどこじれた人間関係でも、何かが変わり始める。ときに、おかしくなった人間関係が、不思議なほど、好転していくときがある。**

それは、なぜか？

「相手に正対する」とは、「相手を一人の人間として敬意を持って接する」ことだからである。

そして、我々の心の中の、その「敬意」もまた、無言のメッセージとして、相手に伝わるからである。

相手を好きになろうとすることは、最高の贈り物

第五は、「相手を好きになろうとすることは、最高の贈り物」という視点である。

一般に、世の中では、「人間は、自分を好きな人間を、好きになる」ということが言われる。

たしかに、一般の人間関係において、この言葉は、真実であるが、「**好きではない人間を、好きになる**」ことは、簡単ではない。

しかし、「**好きではない人間を、好きになろうとする**」ことは、決して、難しくない。

そのためには、ある一つの「こころの技法」を行うことである。

それは、どのような技法か？

相手の「孤独」や「寂しさ」を見つめることである。

すなわち、我々人間の誰もが抱えている「孤独」や「寂しさ」を見つめ、その「孤独」や「寂しさ」が相手の中にもあることを知り、その姿を、虚心に見つめることである。

この人生において、我々は、誰もが、
独りで生まれ、独りで去っていく。

それゆえ、この人生において、我々は、
どれほど素晴らしい家族や友人に恵まれても、
心の深いところで、「孤独」を抱え、「寂しさ」を抱え、生きている。

そして、その「孤独」と「寂しさ」がゆえに、
この人生において、我々は、
誰かから愛されたい、誰かから好かれたいと願って、生きている。

この欠点も未熟さも抱えた自分を、
そのまま受け入れてくれる人との出会いを願って、生きている。

もし、我々が、そのことを理解し、その深い眼差しにおいて、相手を見つめるならば、その人を、すぐには好きになれなくとも、「この人を好きになろう」という思いが浮かんでくるだろう。

かつて観た、ある映画の一シーン。
主人公が、相手に向かって叫ぶ言葉が、心に残っている。

「俺は、あんたのことが、嫌いだ！　大嫌いだ！
だけど、好きになりたい！　好きになりたいんだ！」

この「相手を好きになりたい」と思う心、それは、必ず、相手に深く伝わる。

なぜなら、相手を好きになろうとすること、
それは、実は、最も深い、相手への思いやりであり、
最高の贈り物だからである。

第五の「こころの技法」

言葉の怖さを知り、言葉の力を活かす

「嫌悪の言葉」が「嫌悪の感情」を引き出してしまう怖さ

第四の技法では、「その相手を好きになろうと思う」ことの大切さについて述べた。
では、具体的には、どうすれば、相手を好きになれるのか？
それが、第五の技法、

言葉の怖さを知り、言葉の力を活かす

である。

これは、どういう意味か？

また、言葉の力を活かすと、逆に、嫌いな人でも、好きになっていく。

言葉の使い方を誤ると、嫌いな人を、ますます嫌いになっていく。

その意味である。

では、なぜ、そうしたことが起こるのか？

言葉には、不思議な力があるからである。

すなわち、「嫌悪の言葉」は、「嫌悪の感情」を引き出し、強化する。

逆に、「好感の言葉」は、「好感の感情」を引き出し、強化する。

言葉には、その不思議な性質があるからである。

心理学の分野では、しばしば、次の格言が語られる。

人は、嬉しいから、笑うのではない。
笑うから、嬉しくなるのだ。

これは、現代の心理学が認める、一面の事実である。
すなわち、**人間の「心」（心理的状態）と「身」（身体的行為）とは**、実は、表裏一体のものであり、人間には、「**心が動く→身が動く**」という性質だけでなく、「**身が動く→心が動く**」という性質も、同時に存在する。

例えば、ある人が、「これから、あなたの人生にとって、とても大切な話をしましょう。心を整えて聴いてください」と言ったとする。
すると、我々は、誰もが、ごく自然に、まず「体の姿勢」を整える。背筋を伸ばす、手を前で組む、椅子の座り方を正すなど、まず「体の姿勢」を整え、そのことによって、「心の姿勢」を整える、ということを行う。

なぜなら、我々は、「身」を整えることによって、「心」も整うということを経験的に知っているからである。

また、宗教的技法においては、道元の「只管打坐（しかんたざ）」という言葉、すなわち、「ただ、坐れ」という言葉に象徴されるように、まず、座禅という「身体的な行為」に徹することによって、「心理的な状態」を、禅定の状態にしようとする。

これも、**人間の「心」というものをある状態にするためには、「心」そのものに直接働きかけるよりも、まず、「身」に働きかけることが、「心」の状態を変える最も効果的な技法であることを知っているからである。**

多くの宗教的技法が、身体や言葉を使った「修行」を重視するのは、それが理由である。

こうした人間の「心」と「身」が表裏一体のものであり、「心が動く↓身が動く」という性質だけでなく、「身が動く↓心が動く」という性質が明確にあるということは、心理学の分野だけでなく、哲学の分野では、メルロ＝ポンティの「身体」の思想、宗教の分野では、「心身一如」という言葉として広く認められている。

そして、この「身」と「心」の関係は、「言葉」と「心」の関係においても、同様である。

すなわち、人間には、「**心が動く→言葉を語る**」という性質だけでなく、「**言葉を語る→心が動く**」という性質もある。

先ほどの格言に倣えば、次の言葉も、一面の事実である。

人は、相手を嫌いになるから、嫌悪の言葉を語るのではない。
嫌悪の言葉を語るから、相手を嫌いになるのだ。

人は、相手を好きになるから、好感の言葉を語るのではない。
好感の言葉を語るから、相手を好きになるのだ。

では、なぜ、「身」と「心」の関係だけでなく、「言葉」と「心」の関係においても、同様のことが起こるのか？　なぜ、嫌悪の言葉を語ると、相手を嫌いになり、好感の言葉を語ると、相手を好きになるのか？

三つの理由を挙げておこう。

「言葉」は、「身」を通じて「心」に働きかける

第一の理由は、「言葉」とは、本来、「身体的」なものだからである。

すなわち、「言葉」とは、そもそも、「口」や「舌」、ときに「下腹」という身体的な部位を動かすことによって語られるものであるため、実は、我々が思っている以上に、身体的な性質を持っている。

分かり易い例を挙げれば、スポーツ競技で、最大のピンチやチャンスのときなど、選手が、下腹に力を入れて、大声で「ファイト！」と自分自身に向けて叫ぶのは、「口」「舌」「下腹」などの身体を通じて、「プレッシャーに負けそうになる自分」や「弱気になりそうになる自分」の「心」に働きかけている場面である。これは、「心」に「ファイト！」という気持ちが湧き上がってきたから、「言葉」として表現しているのではなく、「言葉」によって「心」に働きかけている場面である。

このように、我々は、「言葉」を使うことによって、ある「心」の状態を引き出すことができるが、そのため、「嫌悪の言葉」を語ることによって、「嫌悪の感情」を引き出してしまうことも起こる。

なぜ、「心」の深い世界は、「天邪鬼」なのか？

第二の理由は、「言葉」は、我々の深層意識の世界に働きかけ、「心」の状態を変える力を持っているからである。

これは、いわゆる「**自己暗示の効果**」と呼ばれるものである。一つの「言葉」を語り続けることによって、自分の心の奥深くに、その言葉の想念が浸透していくという心理的プロセスであるが、この心理的プロセスを意識的、能動的に使おうとすることが、「**自己暗示の技法**」である。

例えば、スポーツ競技においては、目標に挑戦するとき、「自分はできる」という自己暗示を繰り返すことによって、プレッシャーに負けない強い心や、自分の力を信じる不動の心を引き出す「こころの技法」が、しばしば唱導されている。

この場合には、「自分はできる」というポジティブな言葉を語り続けることによって、心にポジティブな想念を浸透させようとしているが、逆に、ネガティブな言葉を語り続けると、心にネガティブな想念が浸透していく。

それが、先ほど述べた「嫌悪の言葉を語ると、相手を嫌いになる」という心理的プロセスでもある。すなわち、**周りに対して誰かに対する「嫌悪の言葉」を語り続けると、その言葉の想念が、自分の心の奥深くに浸透していくため、ますます、その相手を嫌いになっていく**という心理的プロセスが存在する。

しかし、「自己暗示の効果」について、こう述べると、読者の中から疑問の声が挙がるだろう。

「自己暗示の効果と、よく言われるが、
実際に、『自分はできる』という言葉を、いくら繰り返して語っても、
あまり、それが心の奥に浸透していくようには思えない」

実は、こうした印象を持っている読者は、少なくないだろう。

なぜなら、言葉を繰り返し語ることによって、自分の心の奥深くに、その想念を浸透させるということは、「自己暗示の技法」について語っている本が述べるほど、簡単ではないからだ。

では、なぜ、簡単ではないのか？

端的に述べよう。

深層意識は「天邪鬼（あまのじゃく）」だからである。

すなわち、**我々の深層意識は、表層意識で「こういう想念を深層意識に浸透させよう」と考えた瞬間に、逆の方向に動く**傾向があるからだ。

例えば、「深層意識に『自分はできる』という想念を浸透させよう」と考えて、その「自分はできる」という言葉を、何度も、何度も表層意識で繰り返すと、何が起こるか？

実は、深層意識に、逆の想念、「自分はできないのではないか」「できなかったらどうしよう」という想念が蓄積していく。

例えば、受験の前の日に、「明日の試験は、絶対に合格する！」と周りに言うと、必ず、一方で、「駄目だったら、どうしよう」という気持ちが、心の奥深くに生まれる。

そうしたことは、我々の誰もが経験していることだろう。

このように、深層意識というものは「天邪鬼」な性質を持っている。

従って、我々が、この「自己暗示の技法」を真に身につけたいのであれば、この深層意識の「天邪鬼」な性質を、深く理解しておく必要がある。

では、深層意識への想念の浸透は、どのようなとき、起こるのか？

この問いへの答えは、深層意識の「天邪鬼」な性質がゆえに、逆説的な答えになる。

表層意識が、深層意識への「想念の浸透」を意図していないとき深層意識への「想念の浸透」が起こる。

すなわち、深層意識への「想念の浸透」は、「この想念を、深層意識に浸透させよう」とか「この想念を、どのようにして深層意識に浸透させるか」などといった形で、表層意識が考えていないときに、むしろ、起こる。

そのため、**日常、何気なく使っている言葉は、深層意識に想念として浸透していく。**

毎日、「ああ、まただ・・」「やっぱり、だめか」といった否定的な言葉を口にしていると、その想念は、確実に、深層意識に浸透していく。

そして、同様の理由で、誰かに対する感情的な批判や非難、悪口や陰口は、それを深層意識に浸透させようと考えていないからこそ、「自己暗示の効果」が生まれ、その言葉の想念が、恐ろしいほど、心の奥深くへ浸透していく。

これが、先ほど述べた「嫌悪の言葉を語ると、相手を嫌いになる」という心理的プロセスが生じる、第二の理由である。

深層意識に生まれる「自己嫌悪」や「他者不安」の危うさ

第三の理由は、我々の心には「自己嫌悪」と「他者不安」の心理的プロセスがあるからである。

このことは、すでに第二の技法において述べた。

すなわち、他の人の前で、誰かに対する嫌悪の言葉、感情的な批判や非難、悪口や陰口を言うと、我々の心の奥に、**「自分に対する嫌悪感」（自己嫌悪）**や**「相手に対する不安感」（他者不安）**の感情が生まれる。

例えば、他の人の前で、ある人物に対する批判や非難を感情的に語ると、表面的には、一瞬、溜飲が下がったような気がするが、実は、心の奥深くで、つい感情的になってしまった自分、その人のいないところで批判や非難をしている自分への「自己嫌悪」の感情が生まれる。

著者の高校時代、何人かの同級生が集まって話をしていたところ、たまたま、話題が、そこにいない同級生への批判になっていった。そのとき、そこにいた同級生の一人が、「おい、彼は、ここにいないんだぜ」と言って、その話をさえぎった。

その瞬間に、そこにいた同級生たちは、著者も含め、たしかにその通りと思い、何か、後ろめたい気分を味わった。

実は、我々の心には、そうした心理的プロセスがある。

また、やはり、他の人の前で、ある人物に対する悪口や陰口を感情的に語ると、心の奥深くでは、「その人物もまた、どこかで、自分の悪口を言っているのではないか・・」や「その人物もまた、誰かに、自分の陰口を言っているのではないか・・」といった「他者不安の感情」が生まれる。

我々が、感情的に誰かを批判や非難したり、悪口や陰口を言ったとき、しばらくして、何かの「後味の悪さ」を感じるのは、実は、多くの場合、「深層意識」に生まれる、この「自己嫌悪」や「他者不安」に他ならない。

では、その結果、何が起こるか？

第二の技法で述べたように、我々の心の中で、二つのことが起こる。

感情的批判をすると、相手の欠点が目につくようになる

第一に、何が起こるか？

嫌いな相手を感情的に批判すると、ますます、その相手の欠点が目につくようになっていく。

なぜなら、先ほど述べたように、嫌いな人を感情的に批判すると、心の奥深くで、つい感情的になってしまった自分への「自己嫌悪」の感情が生まれるからである。

そして、我々の深層意識は、その「自己嫌悪」から逃れようとして、**相手を感情的に批判した自分を「正当化」するために、しばしば、さらに相手の非や欠点を探し始める。**そのことによって、「自分があの人物を批判したのは、間違っていない」と、自分の姿を、無意識に正当化しようとするのである。

例えば、ある部下をメンバーの前で、感情的に叱ったマネジャーがいるとする。

このとき、彼の心の奥深くでは、そのことへの自己嫌悪と、自分を正当化したいとの心理が動き、その部下の欠点や問題点を、さらに探そうとしてしまうことが、往々にして起こる。

では、どうすれば良いか？

できることならば、誰かを感情的に批判したとき、自身の心の中で、「三つの内省」を行うべきであろう。

第一に、誰かを感情的に批判したとき、自分の心の奥深くに、「自分を許せない思い」や「自己嫌悪の感情」が生まれていることに気がつく。

第二に、相手を感情的に批判した自分を正当化したくなる「小さなエゴ」の動きを見つめる。

第三に、相手の非や欠点をさらに探して、自分を正当化しようとする「小さなエゴ」の動きに気がつく。

もし、我々が、この「三つの内省」を行うことができれば、「言葉の怖さ」という落し穴に陥ることを避けることができるだろう。

感情的非難をすると、相手に対し、さらに攻撃的になる

では、第二に、我々の心の中で、何が起こるか？

嫌いな相手を感情的に非難すると、ますます、その相手に対して攻撃的になっていく。

すなわち、誰かを感情的に非難すると、心の深いところで、「相手も、どこかで、自分を非難しているのではないか？」「相手も、今後、自分を非難するのではないか？」といった「他者不安」の感情が生まれる。そのため、**深層意識の世界では、防衛本能が働き、「自己防衛」に向かい、その相手に対して、ますます攻撃的になっていく。**


実は、歴史的な人物で、この心理の機微を熟知していた人物がいる。

豊臣秀吉である。

彼は、あることで、主君である織田信長の激しい怒りを買い、蟄居（自宅での謹慎）を命じられたとき、蟄居中の屋敷内で、敢えて、飲めや歌えの宴会を催した。信長は、家臣から蟄居中の秀吉の様子を聞き、笑いながら「猿め！」と言ったと伝えられる。

これは、秀吉が人間の心理と信長の人柄を熟知していたからできたことであろう。

秀吉に対して激して叱り、蟄居を命じた信長にしてみれば、心中、秀吉が、自分に対してどのような気持ちでいるかが気になっている。それに対して、宴会を催してみせたのは、「殿、私は、この度、蟄居を命じられたこと、いささかも根に持っておりません」とのメッセージであっただろう。もし、このとき、秀吉の屋敷が静まりかえっていたならば、信長は、「あいつは、何を考えているのか？　良からぬことを考えているのではないだろうな？」という疑心暗鬼に駆られたであろう。

ある意味で、秀吉は、信長の心の中の「他者不安」の感情が増長しないように振る舞ったのである。

これは、我々の日々の仕事と生活においても、大いに学ぶべき人間心理の機微である。

例えば、部下が上司から厳しく叱られたとき、著者は、その部下に対して、自分から謝りにいくことをアドバイスすることが多いが、その意味は、その部下の保身のためではなく、上司に対して、「私は、叱られたことを、素直に受け止めています」というメッセージを送ることが大切であるという意味である。そのことによって、上司の心の中の自己嫌悪を和らげ、その心を楽にし、無用の懸念で苦しまないようにするためである。

日々の人間関係において、何かの摩擦があったとき、この「私は、根に持っていない」「私は、気にしていない」「私は、こだわっていない」というメッセージを相手に送ることは、人間心理の機微を考えるならば、相手に対する、大切な配慮である。

ちなみに、この人間心理の機微は、実は、逆も同じである。

例えば、部下が上司から厳しく叱られたとき、部下の心の中にも、「この上司は、自分のことを嫌いなのだろうか？」「この上司は、もう自分を見限ったのだろうか？」といった気持ちが芽生える。その心理の機微を考えるならば、叱った後、敢えて、別件で、上司から部下に声をかけることも、大切なことであろう。

若き日の著者の職場でも、部下を叱った後、目も合わせない上司もいたが、叱ったことを忘れたかのごとく、昼食に誘う上司もいた。後者の上司は、達人であろう。

以上、「**『嫌悪の言葉』**が**『嫌悪の感情』を引き出す**」**ということの「三つの理由」**を述べてきたが、このように、我々の心は、誰かを感情的に批判や非難したり、誰かの悪口や陰口を言うと、その人間をますます嫌いになっていくという傾向がある。

その人間心理の機微を理解しておくことは、良き人間関係を築いていくために、極めて重要であろう。

心の中で相手を誉めるだけで、嫌悪感は薄れていく

さて、ここまで、

人は、相手を嫌いになるから、嫌悪の言葉を語るのではない。
嫌悪の言葉を語るから、相手を嫌いになる。

という人間心理の機微について語り、「言葉の怖さ」について語ってきた。

しかし、この人間心理の機微は、それを、逆に活用するならば、「言葉の不思議」と呼ぶべき素晴らしい何かをもたらす。

すなわち、我々が、言葉を正しく使えば、

人は、相手を好きになるから、好感の言葉を語るのではない。
好感の言葉を語るから、相手を好きになる。

ということが現実になる。

第四の技法において、「相手を好きになる」ための技法について述べたが、一つの有効な技法が、この「好感の言葉を語る」ことである。

例えば、著者が企業に入社したとき、人事部長が新入社員に向けて「嫌いな人を、好きになりなさい」と語ったエピソードを紹介したが、この企業では、「嫌いな人を好きになる」ための方法として、よく上司や先輩が、こう語っていた。

「嫌いな人がいたら、その人の長所を見つけ、言葉にして誉めよ」

これは、たしかに、実行できれば効果的な方法であるが、読者の中には、こうした疑問を持つ方もいるだろう。

「長所を見つけ、言葉にして誉めよ、と言われても、
嫌いな本人に向かって誉めるということは、なかなかできない・・」

これは、ごく自然な心理であるが、「言葉にして誉めよ」という言葉の意味は、必ずしも、「直接、本人に向かって誉めよ」という意味ではない。まずは、「本人のいないところで誉める」ことから始めるのでよいだろう。

例えば、それが職場であるならば、職場の他の仲間がいるところで、その相手を誉めるということをすると、自然に、そのメッセージは、本人にも伝わっていくだろう。

しかし、この「誉める」ということの大切さは、直接、間接に、本人に伝わっていくからではない。この「誉める」ということは、たとえ、そこに本人がいなくとも、そして、メッセージが本人に伝わらなくとも、それ自身で、大切な意味を持っている。

なぜなら、**嫌いな人を「誉める」という行為は、誰よりも、まず、自分の心の中を浄化してくれる**からだ。

すでに述べたように、我々が、心の中で、誰かに対する「嫌悪感」を持っていると、深層意識の世界に「自己嫌悪」の感情や「他者不安」の感情が生まれ、その否定的な感情が、自分自身を傷つけ、苦しめていく。その意味で、「本人のいないところで誉める」という技法は、それらの否定的な感情を浄化していくという技法であり、自分にとって、極めて重要な意味を持っている。

それゆえ、この「本人のいないところで誉める」という技法は、必ずしも、職場の仲間など、誰かがいるところで誉めることを意味していない。

深夜に、一人、日記に向かい、好きになれない相手に対する「誉め言葉」を書くだけでも、心の中の何かが、大きく変わっていく。

この「深夜の日記」の技法については、拙著、『人生で起こること　すべて良きこと』において、「**内省日記**」**の技法**として詳しく語ったが、著者自身、若き日に、永年続けた「こころの技法」でもある。

そして、こうした技法を続けていくと、いつか、一人、夜道を歩きながらでも、「好きになれない相手」に対して、ふと、「けれど、彼の、あの部分は、良いところなんだが・・」や「しかし、彼女の、この部分は、長所なんだけれど・・」といった思いが浮かんでくるようになる。

すなわち、この「本人のいないところで誉める」という技法を続けていると、自分の心の中が浄化されるだけでなく、次第に、心の中にある「相手に対する嫌悪感」も薄れていき、ときに、「相手に対する好感」さえ芽生えてくる。

そして、このことが、いつか、その本人と顔を合わせたとき、大きな意味を持つ。

なぜなら、すでに述べたように、コミュニケーションにおいては、表情や眼差し、仕草や身振り、態度や雰囲気など、「言葉以外のメッセージ」として伝わるものが八割だからである。

従って、こちらの心の中に、多少なりとも「相手に対する好感」があれば、それは、この「言葉以外のメッセージ」を通じて、必ず、相手に伝わっていく。

いずれにしても、冒頭に述べた、

人は、相手を好きになるから、好感の言葉を語るのではない。
好感の言葉を語るから、相手を好きになる。

ということは、一つの真実である。

そして、ここで言う「好感の言葉を語る」とは、「好感の言葉を心の中で唱える」ことでもよい。

そうであるならば、我々は、「好きになれない人」に対して、いま、この瞬間にも、その人の姿を心に描き、その人の長所を、「彼の、あの部分は、良いところだ」「彼女の、この部分は、長所だ」と、心の中で唱えることができる。

この「こころの技法」は、いま、この瞬間にも、心の中で実践できる技法に他ならない。

第六の「こころの技法」

別れても心の関係を絶たない

世界で最も実践的な「愛情」の定義とは？

日々の人間関係の中で人間を磨いていく、第六の「こころの技法」は、

別れても心の関係を絶たない

である。

我々の人生においては、必ず、他人との不和や不信、反目や反発、対立や衝突がある。例えば、友人との喧嘩、恋人との破局、親戚との反目、家族の離別、同僚との不和、上司への不信、部下の反発、隣人との口論など、人間同士の心が離れるときは、ある。

それは、どれほど避けようとしても、生じてしまう。

そうであるならば、我々の人生において大切なことは、他人との間で不和や不信、反目や反発、対立や衝突を決して生じないようにすることではない。それは、避けられない。

本当に大切なことは、生じてしまった不和や不信、反目や反発、対立や衝突の状況から、ときに自らの非を認め、相手に心を開き、自ら謝り、相手を許し、ふたたび「和解」する心の力を持つことであろう。

しかし、現実の人生においては、人間同士、心が離れた後、すぐに「和解」できるとはかぎらない。

人生においては、その時期に、どうしても好きになれない人もいる。どうしても心を開けない人もいる。そのため、心がぶつかり、離れ、そのまま別れてしまう人がいる。

では、そのとき、どうするか？

そのときの人生の智恵を教えてくれる言葉がある。

やはり、河合隼雄氏の言葉である。


「愛情」とは、関係を絶たぬことである。


世の中に、「愛情」の定義を語った言葉は、古今東西の書物の言葉を含め、無数にあるが、著者が、永い人生を歩んできて、現実の人間関係に処するとき、最も役に立った「愛情の定義」は、この言葉である。

では、この言葉の意味は、何か？ 「関係を絶たぬこと」とは、何か？

それは、「別れた後も、ときおり会う」ということではない。「別れた後も、ときおり手紙や電話でのやりとりをする」ということでもない。

それは、正確に言えば、

別れた後も、「心の中」で、相手との関係を絶たぬこと

である。

例えば、ある職場の光景。

部下との会話の中で、何年か前に退職したA君の話題が出たとき、B課長は、こう言う。

「A君・・。ああ、そういえば、そういう若手のスタッフ、いたな・・」

同じ状況で、C課長は、こう言う。

「おお、A君か・・。彼は、元気でやっているか？　いつでも遊びに来いと、よろしく、伝えてくれ」

この二人の課長の反応の違いが、「関係を絶たぬこと」の意味を、端的に示している。

B課長の心の中には、すでに「A君との関係」は存在していない。忘れ去っているだけでなく、興味さえ失っている。

これに対して、C課長の心の中には、まだ「A君との関係」がしっかりと続いている。

職場での関係を離れても、いまも、心の片隅で、A君のことを気にかけている。

B課長は、「心の中」で、すでにA君との関係を絶ってしまっている。

C課長は、「心の中」で、いまもA君との関係を絶っていない。

すなわち、河合隼雄氏の定義によれば、C課長は、いまも、A君への「愛情」を心に抱いている。


昔から、しばしば語られる「愛情」についての格言がある。


「愛情」の反意語は、「憎悪」ではない。

「愛情」の反意語は、「無関心」である。


この格言は、まさに真実であろう。

我々が、誰かに対する「愛情」を失うとき、その相手に対する「関心」を失い、「興味」を失い、その存在そのものも「忘却」してしまう。

その意味では、日本において古くから語られてきた

「袖振り合うも、多生の縁」

「縁」

という言葉は、人生で巡り会った人との「関係」に深い意味を感じ取り、その「関係」を大切にするという精神の宿った言葉であり、**最も日本的で深みのある「他者への愛情」の在り方**とも言える。

そして、「他者への愛情」を、「関係を絶たぬこと」と捉える思想は、不和や不信、反目や反発、対立や衝突によって、**人間同士の心がぶつかり、離れたとき、それでも、そこに、「将来の和解の余地」を残す**「しなやかな叡智」でもある。

「将来の和解の余地を残す」という「しなやかな叡智」

では、なぜ、「将来の和解の余地」を残すことが大切なのか？

人の心は、変わるからである。

人間の心というものは、我々自身が思っているよりも、しなやかなものである。

一時は、相手に対する不信、不満、憤り、怒り、嫌悪、憎悪などの感情によって心が離れても、時間が過ぎゆくにつれ、それらの感情が収まり、相手を許す思いや、自分の非を認める思い、過去の出来事を受け容れる思いや、未来に向かって新たな関係を築こうとの思いが浮かんでくるときがある。

そして、人間の「真の賢さ」とは、「決して、人と心が離れない」といった聖人のごとき賢さではなく、「一時、人と心が離れても、どこかに和解する余地を残し、いつか和解していく」という賢さに他ならない。

世の中には、「人間関係が下手」と言われる人がいる。

それは、決して「人とぶつかってしまう人」のことではない。

それは、「人とぶつかった後に、和解できない人」のことである。

さらに言えば、「人とぶつかった後に、和解の余地を残せない人」のことである。

かつて、評論家の草柳大蔵が、次の主旨の言葉を残している。

「最近の若い人は、なぜ、『顔も見たくない』という別れ方をするのか？
なぜ、そうした『無残な別れ方』をするのか？」

これは、決して、この言葉が語られた時代の「若い人」だけの傾向ではない。

いつの時代にも、互いの心に深い亀裂を残す、「無残な別れ方」をする人間がいる。

「他人に対する好き嫌いの激しい人」
「一時の感情に振り回される人」
「心の中の『小さなエゴ』の強い人」

そうした人は、多くの場合、人と別れるとき、「無残な別れ方」をする。

別れに際して、「心」を残し、「思い」を残すことのできない別れ方をする。

そして、「香り」の無い別れ方をする。

そのため、時間が過ぎゆくにつれ、互いの心が変わり、和解ができる時代を迎えても、和解ができない。

それは、「自分の非を認められない」ことや、「相手を許せない」ためではない。

かつての別れ際に「心」や「思い」を残さなかったため、さらには、別れ際が「無残」であったため、**和解しようと思っても、互いの心の間の「深い亀裂」のため、もはや、和解に向かって歩を進める余地が無くなっている**からである。


例えば、別れ際に、「顔も見たくない」「二度と会いたくない」「もう信用できない」「裏切られた」「こんな人とは思わなかった」「見損なった」といった破壊的な言葉を吐いて、別れる。

こうした別れ方は、将来、互いの心が変わり、互いの心に「和解をしたい」という思いが浮かんでも、過去に吐いた破壊的な言葉が「心の障害」となって、一歩を踏み出せなくなる。「あんなことを言って別れたのだから、いまさら・・」といった心境が邪魔になって、一歩を進められなくなる。

「人間関係が下手な人」とは、「人とぶつかってしまう人」のことではない。
「人とぶつかった後に、和解できない人」であり、
「人とぶつかった後に、和解の余地を残せない人」のことである。

そして、こうした人の中には、歩んだ後を見ると、まさに「死屍累々」と呼ぶべき人間関係を残す人がいる。

喧嘩別れした人、決裂した人、決別した人、・・・。そうした数々の人々の一方で、何年かの歳月を経て、ふたたび心が触れ合った人、理解し合えた人、和解できた人が、ほとんどいない。

そうした「死屍累々」と呼ぶべき人間関係を残す人である。

そして、これは、決して「若い人」だけではない。還暦を迎えたような人物でも、そうした人間関係を残す人もいる。

世の中には、「**人貧乏**（ひとびんぼう）」という言葉がある。
なぜか、その人の周りから、人が離れていく。
傍から見ていると、良き人が離れていく。
しかし、本人は、気がつかない。
出世し、財産を築いても、
「周りに集まる人」という財産が貧しくなっていく。
そうした人物を、「人貧乏」と呼ぶ。

その「人貧乏」にならないための大切な心構え。
それが、**別れに際して「関係を絶たぬこと」**、そして、「**和解の余地を残すこと**」であろう。

「和解」は、ときに、十年の歳月を超えて起こる

では、なぜ、この「関係を絶たぬこと」と「和解の余地を残すこと」の大切さを語るの

か？

実は、著者自身、一人の人間としての拙い歩みの中で、そのことの大切さを教えられたからである。そのエピソードを語ろう。


著者がシンクタンクの部長をしていた時代、部下の一人、Ａ君が、他の部署への転属を希望してきた。その理由は、著者のマネジメントの方針に強く反発したからであった。

著者は、組織の運営方針として、チームワークやチームプレイを重んじていたが、そのＡ君は、才能溢れる人材ではあったが、個人プレイが目につく部下であった。そのため、Ａ君に対しては、部長として、何度か厳しい処し方をせざるを得なかった。

しかし、その著者のマネジメントに対して、納得ができなかったのであろう。Ａ君は、他の部署への転属を求めてきたのである。

その希望を受け容れ、Ａ君の転属を認め、最後に部長室で、「新しい部署でも頑張って」と激励の言葉を送っても、Ａ君の気持ちは冷めていた。「有り難うございました」の挨拶も無く、会釈をすることもなく部長室を出て行った彼の後ろ姿に、私のマネジメントへの強い反発が表れていた。

その後は、A君と社内の廊下ですれ違っても、言葉を交わすことはおろか、彼は目も合わせてくれなかった。

こう述べると、A君という部下が、わがままで、自分勝手な人物のように聞こえるかもしれないが、決してそうではない。

いま振り返れば、当時の自分のマネジメントは、寛容さの無い、未熟なマネジメントであったと思う。

しかし、そうした一人の未熟なマネジャーながら、一つだけ大切にしていたことがあった。それは、

「自分から心を閉ざさない」

ということであった。

それは、かつて、著者の恩師、医学部のY教授が教えてくれた「君は、可愛気が無い」という言葉が、マネジメントの道を歩むようになってからも、心の中で鳴り響いていたからである。

それゆえ、A君が、目も合わせない、言葉も交わさない、心を開かないというときでも、廊下やエレベータで会ったときは、必ず、自分から、「元気でやっているかい」「あの記事、読んだよ」「先日のテレビを見たよ」「活躍しているじゃないか」と声をかけた。

そうした形で、こちらから声をかけ続けていると、A君は、「ええ」「まあ」といった短い言葉は返すようになり、彼の心の中で、少し氷が融けてきたようにも感じられたが、やはり、いまだ、心を開く気持ちにはなれないようだった。

それから歳月が流れ、著者も、A君も、このシンクタンクを離れ、それぞれの道を歩み始めた頃、それは、彼が私の部署を離れてから十年近く経った頃であったが、たまたま、東京丸の内のホテルのロビーで、A君と出会った。

そのときの会話が心に残っている。

「おお、A君、久しぶり！」

「ああ、田坂さん！　久しぶりです！」

「元気そうだな。君のメディアでの活躍は、拝見しているよ」

「有り難うございます」

「良かったら、一度、自分の新しいオフィスに遊びに来ないか？」
「ええ、ぜひ、伺います」

数日後、彼が、著者のオフィスにやって来た。
応接の椅子に座るなり、彼が語った言葉が、さらに心に残っている。

「田坂さん、私、最近、あるＮＰＯを立ち上げたんですが、
そのＮＰＯの代表になってみて、初めて、
田坂さんが自分に言おうとしたことが分かったんです。
最近は、リーダーとして壁に突き当たると、いつも
田坂さんなら、どう考えるだろうか、と思うんです・・」

このエピソードは、決して、自分のマネジメントを誇るような意味で語っているのではない。自分のマネジメントは、いま振り返っても、恥ずかしくなるほど未熟なマネジメントであったと思っている。

むしろ、誉められるべきは、過去に、あれほど反発した人間に対して、こうしたことを語れる、A君の「しなやかな心」であろう。

著者が、このエピソードを紹介した理由は、ただ一つのことを、読者に伝えたいからである。

人生において、出会った人と心が離れたとき、
たとえ、自分が、どれほど未熟な人間でも、
心の中で「相手との関係を絶たない」ということを大切に歩んでいると、
人生というものは、ときおり、
「素晴らしい贈り物」を与えてくれる。

そのことを伝えたいからである。

このエピソードにおける「素晴らしい贈り物」とは、十年の歳月を超えて、A君と和解できたことである。そして、A君から、こうした温かい言葉をかけてもらったことである。

そして、著者は、この体験を通じて、人生から、一つ、大切なことを教えられた。

十年の歳月を超えて、人間は和解できる。

そのことを教えられた。

どれほどこじれた人間関係でも、我々が「心の姿勢」を誤ることなく歩むならば、十年の歳月を超えても、その相手との和解の機会が与えられるときがある。

そして、ここで語る「心の姿勢」とは、どのような不和や不信、反目や反発、対立や衝突の後でも、必ず、「相手との将来の和解の余地を残す」という心の姿勢である。

なぜなら、いかなる経緯があろうとも、時の経過とともに、人間の心境は変わることがあるからである。

あれほど激しくぶつかった相手でも、
相手を許す気持ちになれるときが、やってくる。
自分の非を認める気持ちになれるときが、やってくる。
相手に感謝する気持ちになるときさえ、やってくる。

そうであるならば、将来、自分と相手の心境が変わったとき、「和解」できる余地を残すこと。それは、まさに、人間として「より良き人生を生きる」ための叡智であろう。

先ほど紹介した、十年の歳月を超えてのA君との和解のエピソードは、著者にとって、そのことの大切さを教えられた体験であった。

そして、有り難いことに、拙い歩みながら、著者の人生において、こうした「十年の歳月を超えての和解」という体験は、他に、いくつも与えられた。

それらの体験を通じて、著者が教えられたことは、**「将来の和解の余地を残す」という叡智とともに、「人間の心のしなやかさを信じる」という姿勢**の大切さであった。

その意味で、我々は、誰かとの間で、心の不和や不信、反目や反発、対立や衝突によって、離反や離別という形での「別れ」を迎えたとき、たとえ、その瞬間には、心が動かなくとも良い、言葉だけでも、将来の和解の余地を残す言葉を語るべきであろう。

「また、いつか、お会いしましょう」

「いつか、笑って、お会いできると良いですね」

「また、お会いするときがあるかもしれません」

どのような言葉でも良い、決して「無残な別れ」にならない言葉を語り、「香り」のある別れをすることができるならば、人生においては、我々が思っている以上に、不思議なことが起こる。

「しなやかな心」とは、その人生の不思議を信じる心のことでもある。

すでに他界した人との和解はできるのか？

さて、ここまで、過去に、不和や不信、反目や反発、対立や衝突によって心が離れた人との「和解」について述べてきた。

しかし、ここで読者から、一つ、疑問の声が挙がるかもしれない。

「いくら過去に別れた人と和解できると言っても、

すでに他界した人との和解は、できないのではないか？」

たしかに、その通り。

すでに他界した人と、直接会い、和解することはできないだろう。

しかし、**我々の人生において、出会った相手が、心が離れ、和解することなく、他界してしまうことは、ある。**

では、そのとき、我々は、その形を迎えた人間関係に、どう処すれば良いのだろうか？

そのためには、我々は、「和解」ということの意味を、深く考えてみなければならない。

そもそも、「和解」とは、「誰」と和解するのだろうか？

もとより、「和解」とは、「心が離れた相手」と和解することであると理解されている。

しかし、実は、我々が「和解」する相手、「和解」を求める相手は、それだけではない。

一つのエピソードを語ろう。

著者の大学時代、友人の一人、A君が、自殺をした。

彼の遺書には、誰かを責める言葉は書いていなかったが、友人たちは、A君が自殺をしたのは、B君と女性のCさんとの三角関係に悩んでの自殺ではなかったかと感じていた。

そして、そのことを誰よりも辛い思いで感じていたのは、やはり、B君であった。

しかし、友人たちの誰も、A君の自殺について、B君を責めることはしなかったし、B君が、責められる立場にあるとも考えていなかった。

そして、何年かの歳月が経ち、友人たちの間でも、A君の記憶が薄れていった時期のことである。

著者は、たまたま、ある用事で、A君の墓のある寺の前を、車で通った。

もう辺りは薄暗くなっている夕方のことである。

ふと、車の窓から、その寺の門の方を見ると、B君が、その門から出てきたところであった。

その瞬間に、彼の表情を見て、理解した。

命日でも、法要の時期でもない、その日、彼は、A君の墓参りに来たのであった。

そして、彼の表情を見たとき、あれから何年経っても、彼は、A君の自殺について、自らを責める思いでいることを感じた。

おそらく、彼は、そのことで、心が苦しくなったとき、一人、A君の墓参りに来ていたのだろう。

そして、そのとき、「墓参り」ということが、なぜ、我々の人生において、深い意味を持っているのかを理解した。

古い時代の人々にとって、「墓参り」とは、ある意味で、すでに他界した人との「和解」の場でもあった。

他界した人が、極楽浄土や天国と呼ばれるような場所で生きていると信じられた時代。

「墓参り」を通して、他界した人と、語り合うことができると信じられた時代。

それは、すでに他界した人に、語りかけ、声に耳を傾け、感謝し、祈り、願い、ときに、謝り、詫び、許しを請うことのできる場であった。

そして、科学の発達したこの時代においても、多くの人々の心の中には、「墓参り」を通じて、他界した人と語り合うことができるという感覚が、ある。

では、本当に、我々は、「墓参り」を通じて、他界した人と語り合うことができるのか？

おそらく、それは、これから、どれほど科学が発達しても、「永遠の謎」であろう。

しかし、この時代においても、**「墓参り」を通じて、たしかに我々の心の中に生まれる「和解」がある。**

それは、自分自身との和解である。

B君は、なぜ、A君の墓参りに行くのか？

もとより、彼は、その墓参りを通じて、すでに他界したA君との和解を求めているのであろう。もし、我々の声が、墓参りによって、他界した人に伝わるのであれば・・・。

しかし、一方、彼の心の奥深くで、和解を求めている相手は、もう一人いる。

それは、「もう一人の自分」。A君を自殺に追いやった自分自身を責め続ける「もう一人の自分」であろう。彼は、その「自分を許せない自分」との和解を、心の奥深くで求めている。そして、その彼の心の奥深くの思いが、ときおり、彼を、A君の墓参りへと向かわせるのであろう。

いや、これは、B君だけの姿ではない。実は、**我々は、誰もが、すでに他界した人に対して、何がしかの自責の念を、心の奥深くに抱いている。**

生前、良き関係を結べなかったことへの自責。
支えてあげ、楽にしてあげられなかったことへの自責。
苦しみや悲しみを与えてしまったことへの自責。
苦しみや悲しみを理解してあげられなかったことへの自責。
親孝行をしてあげられなかったことへの自責。
長生きをさせてあげられなかったことへの自責。

我々は、心の奥深くに、すでに他界した人に対する、こうした自責の念を抱いている。
だから、我々は、墓参りに行くのではないか。

人生においては、心の奥深く、深い自責の念を抱いて行く墓参りが、ある。

そのとき、我々が求めるのは、もし、叶うものであれば、他界した人との和解。
しかし、それが叶わないとしても、
我々が、心の奥深くで願っている、もう一つの和解がある。

それが、自分自身との和解

心の奥深くにいる、自分を責める思いの「もう一人の自分」。
その自分との和解を求め、その自分との対話を求め、
我々は、墓参りに行くときが、ある。

そして、その墓参りにおいて、
「もう一人の自分」との対話が、深く、静かな対話になるとき、
我々の心には、ある「癒された感覚」が訪れる。

そして、その感覚の中で、墓を後にするとき、
生前、和解することのできなかったあの人が、
静かに微笑んでくれているような気がする。

それは、たとえ、他界した人と和解できた瞬間ではなくとも、
心の奥深くの自分が、癒される瞬間ではないだろうか。

なぜ、我々は、墓参りに行くのか？
それは、すでに他界した人と、心の関係を絶たぬため。
その人と、そして、自分自身と、深く、静かな対話を続けるため。
それは、我々の心を成長させ、我々の人生に深みを与えてくれる
かけがえのない時間に他ならない。

第七の「こころの技法」

その出会いの意味を深く考える

「和解できない人」と和解する「こころの技法」

さて、第七の「こころの技法」は、

その出会いの意味を深く考える

である。

では、この技法の意味は何か？

人生には、どう振り返ってみても、簡単に「和解」する心境になれない人物との出会いもある。

例えば、逃げ出したくなるほど過酷だった上司、仕事のミスで何時間も罵倒された顧客。例えば、信じていたのに裏切られた親友、相続の問題で骨肉の争いとなった親戚。

人生においては、自分の非を認めるどころか、何年経っても、相手を許す気にさえなれない人間との「不幸な出会い」がある。

そうした出会いに対して、著者は、

「それでも、相手を許すべきではないか」
「自分にも非があったことを認めるべきではないか」
「何があっても、自分から心を開くべきではないか」

といったことを、述べるつもりはない。

著者自身、若き日に、「相手を許せない」「自分の非を認められない」「自分から心を開けない」という心境で、人間関係に苦しんだ時代がある。
それゆえ、著者には、そうした心境で苦しまれる読者に、教訓じみたことを述べる資格はない。
著者として、読者に対して何かを語れるとすれば、著者自身が、そうした心境での苦しみを、どのようにして超えてきたのか、ということであろう。

実は、**人生には、過去の「不幸な出会い」と思えるものが、「意味のある出会い」であったことに気づき、「有り難い出会い」であったことに気づくときがある。**
それは、あるとき、一瞬の気づきとして訪れるときもあれば、行きつ戻りつの心境の中で、時間をかけて気づいていくときもある。

では、その「気づき」は、どのようにして訪れるのか？

それは、**その相手を許せるのか、許せないのか、**という問題として考えているかぎりは、決して訪れない。

では、どのような問題として考えるべきか？

なぜ、自分の人生において、その相手と出会ったのか？

その問題として考えるとき、我々は、「その相手を許せるのか、許せないのか」という次元を超えた、人生についての深い思索に向かうことになる。

そして、人生におけるその相手との出会いの「意味」を深く考えるとき、一つの視点を心に抱くことによって、しばしば、その「意味」が明瞭に浮かび上がってくる。

それは、

人生における、人との出会いは、すべて、

自分という人間の成長のために、与えられた出会いではないか。

その視点である。

もとより、人生において、我々に、人との出会いを与える「何か」が存在するのか否かは、分からない。それもまた、おそらく「永遠の謎」であろう。
しかし、もし、我々が、心の中に、「人生における、人との出会いは、すべて、自分という人間の成長のために、与えられた出会いではないか」との視点を抱くならば、そこから、さらに具体的な、次の問いが生まれてくる。

この人との出会いを通して、そして、この痛苦な体験を通して、
いま、自分が人間として成長するべき課題は何か？
いま、何を学べと言われているのか？
いま、何を掴めと言われているのか？

実は、こうした問いは、このように明確な形ではなくとも、人生において「不幸な出会い」が与えられたとき、読者の多くが、心の深いところで、感じ、考えてきたことではないだろうか？
読者それぞれに、これまで歩んで来られた人生を、振り返って頂きたい。

そして、この問いを、問うてみて頂きたい。

自分は、いつ、人間として成長することができたか？
人間として成長できたのは、どのような体験においてであったか？
その体験は、決して楽しい体験ではなく、痛苦な体験ではなかったか？
その痛苦な体験は、人間との出会いによって与えられた体験ではなかったか？

もし、過去を振り返りながら、この問いを問うならば、自然に、次の問いが心に浮かんでくるのではないだろうか？

この人物と出会い、この痛苦な体験が与えられたのは、
自分が、いかなる成長を遂げるためなのだろうか？

もとより、この問いを抱くことによって、直ちに、相手と「和解」する心境になれるわけではないだろう。相手を許し、自分の非を認め、相手に対して心を開くという心境になれるわけではないだろう。

しかし、この問いを抱くとき、我々の心の奥深くで、その出会いに対する「解釈」が、変わり始める。

その出会いを、ただ「不幸な出会い」と思う心境から、その出会いに、何かの「意味」を感じる心境へと変わっていくだろう。

「不幸な出会い」が、「有り難い出会い」になるとき

著者自身も、その人生において、当初、「不幸な出会い」と思えたものが、次第に、「意味のある出会い」であったと感じられるようになり、いつか、「有り難い出会い」であったと思えるようになった体験が、いくつもある。

また、著者の若き日のエピソードを語ろう。

これは、拙著『仕事の思想』にも記したエピソードであるが、やはり、就職したばかりの新入社員の頃、ある企業に新規プロジェクトの企画提案に行った。

前の晩、遅くまでかけて作成した企画書を持ち、先方の企業の部長を訪ね、会議室でその企画の説明をした。自分なりには、自信のある企画であった。

しかし、その企画を説明し終わるや、その部長が、「こちらは、こんな企画を要求しているのではない！」と、突然、怒鳴り始めた。

その後のことは、頭の中が真っ白になり、あまり覚えていない。

その場は、上司の課長がとりなしてくれたが、自分は、ささやかな自尊心を打ち砕かれ、打ち拉がれた敗残兵のような心境で、その会社を出たことを覚えている。

横断歩道を渡っているとき、見かねた同僚のA君が、声をかけてくれた。

「田坂君、君の企画は、良い企画だったと思うよ・・。

ただ、あの部長さんが、それを理解してくれる力が無かったのだよ・・」

その瞬間、その声にすがりたい自分がいなかったと言えば、嘘になる。

「そうだよ、あの部長、何も分かっていないんだよ・・」と言いたくなる自分がいなかったわけではない。

しかし、そのとき、自分は、心の中から振り絞る思いで、A君に、こう言った。
「有り難う・・。しかし、やはり、自分は、
あのお客様が納得してくれる企画書が書けなかったのだよ・・」
この日が、自分のプロフェッショナルとしての歩みの原点となった。
それから三五年の歳月を歩み、いま、振り返って思う。
あの部長の厳しい言葉のお陰で、自分は、プロフェッショナルの道を歩めた。
あの部長の厳しい叱責のお陰で、自分は、大切なことに気づかせてもらった。
いま振り返れば、あの頃の自分には「無意識の傲慢さ」があった。
自分では気がついていなかったが、自分の企画に独りよがりな自信を持ち、この企画を
顧客は必ず採用するだろうという思い上がりがあった。
それゆえ、あの部長は、目の前の若いビジネスパーソンの心の奥にある「無意識の傲慢

さ」を感じ取ったのであろう。礼儀正しく、丁寧に語っている言葉の奥に、「密やかな驕り」を感じ取ったのであろう。
そして、あの部長は、鬼のような姿を通じて、私に、そのことを気づかせてくれた。

そのお陰で、今日の自分が、ある。

どのような出会いにも、必ず、深い意味がある

著者は、今日まで、こうした体験を重ねてきた。
そして、いつか、一つの思いが、心に定まってきた。

「不幸な出会い」と思えるものにも、必ず、深い意味がある。

それは、ときに、自分が一人の人間として成長するための、大切な体験を与えてくれる。

そして、その真実に気がついたとき、我々の人生の「風景」が変わる。

日本語には、昔から、そのことを教えてくれる言葉がある。
例えば、**「荒砥石（あらといし）」**。

「あの上司は、いま振り返れば、自分にとっての『荒砥石』だったな。
毎日、仕事のことで、ごりごりと研がれたような気がするよ。
でも、お陰で、自分という人間の角（かど）が取れていったんだな・・。
自分は、我（が）の強い人間だったからな・・」

著者は、若き日に、人生の先輩たちから、そういった言葉を、何度か耳にした。
そして、幸い、著者自身も、そういう「荒砥石」と思える人と出会い、その人との葛藤と格闘を通じて、自分の心の中の「小さなエゴ」に気づくことができた。そして、人間としての成長の道を歩ませて頂いた。

では、「不幸な出会い」と思えるものにも、必ず、「深い意味」があるのであれば、我々は、**どのようにすれば、その「深い意味」を知ることができるのか？**

そのために、我々が、必ず行うべきことがある。

その出会いに「正対」すること。

すなわち、その相手に出会ったという「事実」に、心の中で「正対」することである。

第四の技法において、**人間関係がおかしくなるのは、その相手に「正対」できなくなるからであると**述べた。

同様に、**人生の解釈がおかしくなるのは、その事実に「正対」できなくなるからである。**

なぜなら、我々は、ともすれば、人生の出会いを、無意識に、「幸福な出会い」と「不幸な出会い」に分け、前者の出会いにのみ意味や価値を認め、後者の出会いには意味や価値を認めない傾向があるからだ。それゆえ、**「不幸な出会い」と感じるものについては、「出会った」という事実に正対せず、その意味や価値を正面から考えるということを避けてしまう。**

しかし、ひとたび、我々が、その「不幸な出会い」に心で正対し、その意味や価値を見つめるならば、不思議なほど、我々の心の奥深くから**「人生の解釈力」**とでも呼ぶべきものが湧き上がってくる。

その「人生の解釈力」とは、**人生で起こった出来事や、人生で与えられた出会いの「意味」を解釈する力**のことである。

そして、もし、我々に、その「人生の解釈力」があれば、「不幸な出会い」と思えるものに対しても、先ほどの問いに、自分なりの「答え」を見出していくことができる。

この人との出会いを通じて、そして、この苦痛な体験を通じて、
いま、自分が人間として成長するべき課題は何か？
いま、何を学べと言われているのか？
いま、何を掴めと言われているのか？

「卒業しない試験」は、追いかけてくる

では、我々が、人生で与えられた「不幸な出会い」と正対せず、その出会いの意味を深く解釈せず、その出会いを自身の成長に結びつけることをしなければ、何が起こるか？

「卒業しない試験」は、追いかけてくる。

これは、どういう意味か？

例えば、職場のA君、上司のB課長と合わない。B課長の厳しい指導も嫌だが、仕事の細かいミスを指摘してくる神経質なところも我慢ができない。

何か月か悩み、考えた結果、人事部に申し出て、他の部署に異動させてもらった。希望した部署の課長は、C課長。優しくおおらかな人柄なので、この課長の下なら、仕事は気持ち良くやれそうだ。

しかし、その部署に着任して何週間か経ったとき、ふと、気がつく。

このC課長は、期待通り、優しくおおらかな人だ。しかし、この課のD課長補佐・・。前の部署のB課長に、似ている・・。

指導が厳しく、細かいミスも指摘してくる。

これが、「卒業しない試験は、追いかけてくる」ということの意味である。

人生における人間関係の問題は、ある意味で、そのほとんどが、関係する双方に非がある。どちらか一方だけに非があるということは、あまりない。

従って、我々が何かの人間関係の問題に直面したときには、相手に相当の非があると思えても、やはり、自分にも何がしかの非がある。自分の欠点や未熟さが原因の一端となっていることも、少なくない。

それにもかかわらず、その人間関係から逃げ、その苦痛から逃げ、自分の人間としての「成長の課題」から目を背けてしまうと、一時的には、その人間関係の問題を解決できたように思うが、**気がつけば、以前に巻き込まれた問題と同じような問題に巻き込まれ、自分の「成長の課題」を、ふたたび突き付けられることになる。**

すなわち、「卒業しない試験」は、逃げても、必ず追いかけてくる。

いま直面している人間関係が自分に突き付けている「成長の課題」を直視し、向き合い、正対して取り組まなければ、どれほど上手く逃げても、その課題は、別の人間関係の問題として、突き付けられる。

我々が、人生において与えられた「不幸な出会い」の意味を考えるとき、この「卒業しない試験」という視点は、ときに、深い気づきを与えてくれる。

この人生の出来事は、自分に何を問うている「試験」か？

そして、この「卒業しない試験は、追いかけてくる」ということは、我々の人生において、ときに、象徴的な形で、突き付けられることがある。

そのことを、著者の若き日の体験を通じて、語ろう。

著者が、一九八〇年代、米国のシンクタンクで働いていた頃のことである。

一週間の夏休みを得て、カナダの国立公園に、家族でドライブ旅行に出かけた。

そのドライブの途上、あるカナダのガソリンスタンドに給油のために立ち寄ったのだが、その店の主人が、極めて不親切な対応をしたため、クレームをつけたところ、口論になってしまった。

最後は、双方、険悪な雰囲気になり、著者も、不愉快な気分で店を出たのだが、心の中では、「こんな店には、二度と給油には来ない」と思っていた。

しかし、やはり心の奥深くでは、「なぜ、あのような口論になってしまったのか」という反省の気持ちもあり、後味の悪い思いが、心の片隅に澱のように残っていた。

そして、まもなくその出来事は忘れ、カナダの国立公園で楽しい五日間を過ごし、米国への帰途に着いた。

ところが、その途上、なぜか、乗っていた車のエンジンが、妙な音を立て始めたのである。

それでも、何とか、スピードを落として運転しながら米国に向かったのだが、カナダの国境を出る前に、遂に、そのエンジンが酷い音を発するようになり、もうどこかのガソリンスタンドで見てもらうしかない状況になってしまった。

仕方なく、その道路で最初に目に止まったガソリンスタンドに車を着けたところ、突如、エンジンから大きな破裂音が聞こえ、その車は、全く動かなくなってしまった。

「どうしようか・・」との思いの中、運転席から目を上げると、何と、そのガソリンスタンドは、先日、主人と口論になり、険悪な雰囲気で後にした店であり、「二度と来ない」

と思った店であった。

想像もしていなかった、この状況に、一瞬、途方に暮れたが、不思議なことに、次の瞬間、心の奥深くから声が聞こえてきた。

「この店で、車が動かなくなったことには、何か、深い意味がある・・」

そして、その声に続いて、心の中に、一つの思いが浮かんできた。

「そうだ、この店の主人に詫びよう。そのために、この店で、車が故障したのだ・・」

そう思って、店に入ると、その主人、こちらのことを覚えていて、最初、怪訝な顔をしたが、迷うことなく、彼の目を見つめ、心を込めて、こう言った。

「先日は、悪かった・・」

その瞬間、彼の表情が変わった。こちらの思いが伝わった表情であった。

その表情を見ながら、さらに一言、伝えた。

「助けてほしい。車が故障してしまった・・」

すると、その主人、先日とは別人のような誠実な眼差しで、こちらを見つめ、静かに一言、「分かった」と言って、車を見てくれた。

それからの彼の、親切で献身的な修理は、いまも、感謝の気持ちとともに、深く心に残っている。

そして、彼の修理に取り組む姿を見ながら、私は、一人の未熟な人間として、また一つ、大切なことを教えられたと感じていた。

日本から遠く離れた、このカナダという国において、不思議な縁に導かれ、このガソリンスタンドの主人と出会い、心がぶつかり、離れ、そして、互いに心を開き、和解することができた。

それは、有り難い体験であったが、それだけであれば、誰もが、そうした体験を持っているだろう。

著者が、この体験を紹介したのは、著者自身が「不幸な出会い」と思えるものに直面したとき、その出会いと出来事についての「人生の解釈力」が求められた、象徴的な出来事だったからである。

奇しくも、このガソリンスタンドの前で、車が故障したとき、一瞬の戸惑いの後、すぐに心に浮かんだのは、「なぜ、こんなことが起こったのか・・」という思いとともに、「この店で、車が動かなくなったことには、何か、深い意味がある・・。この出来事は、何を教えているのか?」という思いであった。

そして、こうした問題に直面したとき、我々に問われるのは、実は、「**どうやって、この問題を解決するか?**」「どうやって、先日、口論をしたこの主人に、修理をしてもらうか?」ということではない。

その前に、我々が深く考えるべきは、**「なぜ、こうした問題が起こったのか?」**「なぜ、よりによって、このガソリンスタンドの前で、車が故障したのか?」という問いである。

そして、**人生とは不思議なもので、その問いに正しく答えを出し、出会いの意味、出来事の意味を、正しく解釈すると、なぜか、自然に目の前の問題が解決していく。**

すなわち、こうした場面で、**我々に真に問われているのは、「問題の解決力」ではなく、「人生の解釈力」に他ならない。**

そして、この場面で、「なぜ、よりによって、このガソリンスタンドの前で、車が故障したのか?」という問いを自らの心に投げかけたとき、著者の心に浮かんできた答えは、「ああ、これは、心がぶつかった人と和解することのできる『しなやかな心』を身につけよと、何かが教えている」との解釈であった。

すなわち、この出来事は、著者にとって、「車を修理してもらうために、仕方なく、その主人と和解した」という出来事ではなかった。

それは、「心がぶつかった人と和解することのできる『しなやかな心』を身につけるために、この主人と口論になり、その店で車が故障した」という出来事に他ならなかった。

このように、我々は、人生のささやかな出会いや出来事においても、何かの問題に直面した瞬間、「人生の解釈力」が問われることがある。そのとき、**「どうやって、この問題を解決するか？」という視点で考える前に、「なぜ、こうした問題が起こったのか？」という視点で「出来事の意味」を解釈する**ことができるならば、しばしば、直面している問題は、不思議なほど自然に解決していく。

その意味で、このカナダでの出来事は、ささやかな出来事ではあったが、著者自身が、「人生の解釈力」が問われ、その「解釈力」を深める、有り難い出来事であった。

そして、修理を終え、このガソリンスタンドを辞して米国に向かう途中、ふと、著者の心の中に、一つの言葉が浮かんできた。

それが、「卒業しない試験は、追いかけてくる」という言葉である。

カナダに行く途中で与えられた、この「店の主人とのトラブル」という「人生の試験」。その問題に正しい答えを出さずに去ったとき、五日後に、その問題が、劇的な偶然という形で、ふたたび私に突き付けられた。

それは、いつもながら、見事なほどの人生の配剤であった。

そして、それからの人生において、著者は、「卒業しない試験」は、ときに、十年の歳月を超えて、追いかけてくることがあることも、教えられた。

「人生の解釈力」とは、「人生の物語」を生み出す力のこと

このように、我々の人生において、「不幸な出会い」と思えるものを「意味のある出会い」に転じ、さらに「有り難い出会い」に転じていくためには、「その出会いの意味を深く考える」ことを通じて、「人生の解釈力」を身につけ、磨いていかなければならない。

では、「人生の解釈力」を身につけ、磨くとは、どういうことか？

端的に述べよう。

それは、心の中で「人生の物語」を生み出す力を磨くことである。

例えば、先ほどのカナダの出来事を、どう解釈するか？

一つの解釈は、すでに述べたように、「カナダに旅行に行ったら、ガソリンスタンドの

主人と口論になった。しかし、運悪く、帰りの道で、その店の前で車が故障したため、その車を修理してもらうため、仕方なく、その主人に謝った」という解釈である。それは、言葉を換えれば、そうした「人生の物語」を心の中に生み出したということである。

もう一つの解釈は、「カナダに旅行に行ったら、ガソリンスタンドの主人と口論になった。しかし、帰り道で、車が故障したら、丁度、それは、その店の前であった。それは、心がぶつかった人と和解することのできる『しなやかな心』を身につけるために、自分に与えられた試験であった」という解釈である。これも、そうした「人生の物語」を心の中に生み出したということである。

この二つの解釈、「どちらが正しいか？」という議論には、意味がない。そこには、科学的法則のように、誰が見ても正しい「客観的解釈」というものがあるわけではない。

我々が問うべきは、「どちらの物語の方が、自分の心に素直に入ってくるか？」であり、さらに言えば、「どちらの物語の方が、自分の心が癒されるか？」「どちらの物語の方が、自分の心が成長できるか？」であろう。

そして、我々は、人生において、こうした「物語」を、意識的、無意識的を問わず、心の中に無数に生み出しながら生きている。

それは、特に、人が、人生を振り返り、「想い出話」を語るときに、顕著である。

例えば、我々は、次の様な言葉を、ときおり耳にする。

「あの人に出会ってから、私の人生は、おかしくなった。あの人は疫病神だ」

「あの人は、自分にとって、幸運の女神だ。いつも、素晴らしい機会を創ってくれた」

「我々は、この社会貢献の事業を成し遂げるために、何かに導かれ、巡り会った」

「彼と彼女は、結局、『運命の赤い糸』で結ばれていたんだね」

「私が育った家は、父が専制君主のように振る舞う、息の詰まる家でした」

こうした言葉の中に出てくる「疫病神」「幸運の女神」「何かの導き」「運命の赤い糸」「専制君主」といった言葉は、科学的に誰もが認める**「客観的な事実」**ではなく、その人にとって、その出会いが、そのように解釈できるという意味での**「主観的な物語」**に他ならない。

そして、**我々が意識的、無意識的に生み出す「人生の物語」は、ときに、自分の人生を**

否定し、惨めで悲しいものに感じさせていく一方、ときに、自分の人生を力強く肯定し、励まし、癒していく。

「人生の解釈力」とは、ある意味で、人生において与えられた出会いや出来事を前に、そこから「自らを励ます物語」「自らを癒す物語」「自らを成長させる物語」を生み出していく力のことでもある。

あのカナダの出来事は、著者の心の中では、いまも、ささやかな「成長の物語」である。

心がぶつかる出会いも、実は「深い縁」

さて、ここまで、「その出会いの意味を深く考える」ということを語ってきたが、**そもそも、人生における、人間同士の「出会い」とは、何か？**

いま、この時代、地球上には、七〇億を超える人々が生きている。

テレビをつければ、地球の裏側に生きる人々の生活も、鮮明な映像で見ることができる。

そして、それらの人々の表情や声も、生き生きとした映像で見ることができる。

しかし、我々は、それらの人々と、決して巡り会うことはない。

この人生で、どれほど多くの人々と巡り会おうと思っても、
いずれ、七〇億の人々の中の、ごく一握りの人々としか巡り会えない。
それが、我々の人生であろう。

そして、我々は、誰もが、百年にも満たない短い人生を生きている。
それは、この人類の歴史や、地球の歴史から見るならば、
まさに「一瞬」と呼ぶべき短い時間。
我々は、誰もが、その「一瞬の人生」を駆け抜けていく。

されば、人生における人との出会いとは、実は、
その「一瞬の人生」と「一瞬の人生」が交わる、
「**奇跡の一瞬**」。

もし我々が、その事実に気がつくならば、
互いの心がぶつかるような出会いも、心が軋むような出会いも、
どれほど「不幸な出会い」と見えるものも、
実は、「奇跡」のごとき出会いであることを知る。

そして、その不思議を教えてくれる言葉が、
日本には、ある。

「縁」という言葉。

「縁」が無ければ、我々は、決して巡り会うことはない。
そうであるならば、たとえ、心がぶつかる出会いも、心が軋む出会いも、
やはり、深い「縁」。

そのことを理解するとき、
人生における人間関係の「風景」が変わって見えるだろう。
その「風景」が、輝いて見え始めるだろう。

かつて、短い人生を駆け抜けていった、ある社会活動家が、
街頭活動での人々との出会いについて、詩のような文章で語っている。

今朝、駅前でビラを配っているとき、
私の手をはねのけて通り過ぎていった、あなた。
我々の出会いは、不幸な出会いであったかもしれない。
我々の出会いは、寂しい出会いであったかもしれない。
でも、あなたと、出会えて良かった。
それでも、あなたと、出会えて良かった。

たしかに、その通りではないか。

たとえ、どのような出会いであっても、実は、有り難い出会い。
なぜなら、「有り難い」とは、
「在り・難い」こと、「起こり・難い」こと。
それは、まさに「奇跡」と呼ぶべき出会いに他ならない。

その出会いは、自分に、いかなる成長を求めているのか？

そして、我々は、誰もが、一回かぎりの「かけがえの無い人生」を生きている。
それゆえ、我々は、誰もが、人生を大切にしたいと願って生きている。

では、「人生を大切にする」とは、何か？
それは、「人生で出会う人を大切にする」ことに他ならない。

では、「人生で出会う人を大切にする」とは、何か？
それは、決して、その人とぶつからないということではない。

ときに、不和や不信、反目や反発、対立や衝突があってもよい。
その出来事を超えて、互いの心が、さらに深く結びつくこと。
その出来事を通じて、互いに成長していくこと。

それが、
「人生で出会う人を大切にする」ということの本当の意味であり、
「人生を大切にする」ということの真の意味であろう。

そして、互いに成長していくために大切なことは、
その出会いの意味を考えること。

この出会いは、自分に、いかなる成長を求めているのか？
この出会いは、自分に、何を教えてくれているのか？
この出会いは、自分に、何を学べと言っているのか？

その意味を考えることであろう。

もとより、その出会いについての「意味」は、
どこかに書かれているわけではない。
それは、我々一人ひとりが、
自分自身の心で、感じ取っていくこと。

「人間を磨く」とは、
その「意味」を感じ取る力を磨くことに他ならない。

「人間を磨く」ことの真の意味

「人間を磨く」唯一の道は、人間と格闘すること

さて、以上が、著者が読者に提案する「人間関係が好転する『こころの技法』」である。
ここに、もう一度、その「七つの技法」を示しておこう。

第一の技法　心の中で自分の非を認める
第二の技法　自分から声をかけ、目を合わせる

第三の技法　心の中の「小さなエゴ」を見つめる
第四の技法　その相手を好きになろうと思う
第五の技法　言葉の怖さを知り、言葉の力を活かす
第六の技法　別れても心の関係を絶たない
第七の技法　その出会いの意味を深く考える

いずれも、日々の仕事や生活において、人間関係の問題に直面したとき、思い出し、少しだけの努力で実践することのできる技法である。

もし、読者が、この七つの「こころの技法」を実践していくならば、日々の人間関係は、自身の人間を磨き、人間力を高めていく素晴らしい機会になっていくだろう。

本書の冒頭でも述べたが、人間を磨き、人間力を高めるための道は、古典を読むことでもない、山に籠って修行することでもない。**日々の仕事と生活において、縁あって巡り会った人間と正対し、格闘すること**である。その相手は、ときに、家族や親戚、友人や知人、上司や部下、顧客や業者、店員や隣人であろう。

ただし、「格闘」とは、もとより、喧嘩をすることではない。それは、未熟な人間同士が、不和や不信、反目や反発、対立や衝突を生じ、**心がぶつかり、心が離れながらも、互いに、相手を許し、自分の非を認め、心を開き、相手に謝り、理解し合い、和解しながら、互いに良き関係を築こうと、もがき、努力すること**である。

それゆえ、その「格闘」の本質は、「相手の心との戦い」ではない。

自分の心の中の「小さなエゴ」を見つめること

それが、「格闘」ということの意味である。

そして、この「格闘」とは、自分の心の中の「小さなエゴ」を捨てようとすることでもなく、抑えようとすることでもない。それは、「**ただ、静かに見つめる**」**という意味での**「**静かな格闘**」に他ならない。

自分の心の中で、「小さなエゴ」の見栄や虚栄心、優越感や劣等感、嫉妬や羨望などが、「相手を許せないエゴ」「自分の非を認めたくないエゴ」「自分から心を開くことを拒むエゴ」「相手に謝ることを厭うエゴ」といった形で蠢くとき、その「小さなエゴ」の姿を、その蠢きに決して巻き込まれることなく、ただ、静かに見つめる。

それが、「格闘」という言葉の真の意味である。

しかし、この「静かに見つめる」ということを実践するためには、**自分の中に、「静かな観察者」と呼ぶべき「もう一人の自分」を育てていかなければならない。**この「静かな観察者」については、拙著『人は、誰もが「多重人格」』において述べたが、人間を磨き、人間力を高めていくためには、自分の中に、この「静かな観察者」を育てていくことが、極めて大切な課題となる。

「人間を磨く」とは、究極、何を磨くことなのか？

では、人間を磨くための唯一の道が、人間と格闘することであるならば、人間を磨くとは、一体、何を磨くことなのか？

しばしば、世の中では、「彼も、人間関係で苦労して、丸くなったな」や「彼女は、人間関係で揉まれて、角がとれたな」といった表現をする。

しかし、本書で語る「人間を磨く」という言葉の意味は、そうした意味ではない。

あたかも、石を磨くと「角」が取れていくように、人間を磨くと「小さなエゴ」が消えていくということではない。何度も述べたように、我々の心の中の「小さなエゴ」は、それを捨てたり、消したつもりでも、それを、ただ、抑え込んだだけであり、それは、一度、心の奥深くに隠れるが、必ず、別なところで顔を出し、ときに否定的な動きや、破壊的な動きをする。

本書で語る「人間を磨く」とは、「小さなエゴ」を捨てることでも、消すことでもない。「人間を磨く」とは、自分の心の中の「小さなエゴ」の動きが見えるようになることであり、そのことを通じて、「小さなエゴ」の否定的な動きや、破壊的な動きを静めていくことができるようになることである。もし、それができるならば、我々は、過去の否定的な人間関係を好転させ、未来に向かって良き人間関係を築いていくことができる。

では、自分の心の中の「小さなエゴ」の動きが見えるようになると、何が起こるのか?

一言で申し上げよう。

「心の鏡」に曇りがなくなる

では、「心の鏡」に曇りがなくなると、何が起こるのか？

自分の姿、他人の姿、物事の姿が、曇りなく見えるようになっていく。

逆に、自分の心の中の「小さなエゴ」が見えていないと、「心の鏡」が曇ってしまい、自分の姿も、他人の姿も、物事の姿も、ありのままに見ることができなくなってしまう。「小さなエゴ」が抱える、見栄や虚栄心、優越感や劣等感、嫉妬や羨望などの感情のため、それらの姿を「小さなエゴ」が好むように解釈してしまうからである。

されば、「人間を磨く」とは、何を磨くことなのか？

「心の鏡」を磨くこと

そのことに他ならない。

もとより、「**人間を磨く**」とは、人間としての成長を遂げ、人間力を高めていくことでもあるが、実は、「**心の鏡を磨く**」ことを通じて、自分の姿、他人の姿、物事の姿を、ありのままに見ることができなければ、人間として成長していくことも、人間力を高めていくこともできない。

されば、

自分の心の中の「小さなエゴ」を、静かに見つめ、
その「小さなエゴ」によって、常に曇ってしまう
「心の鏡」を磨いていく。

それが、「人間を磨く」という言葉の、真の意味であろう。

しかし、そうであるからこそ、
「人間を磨く」という山の頂への道は、遥かに遠い。

それでも、歳を重ねるにつれ、
少しずつ、その山道を登ってくることができた。

しかし、自分の未熟さは、自分が一番よく知っている。
目の前に聳え立つ山の頂は、まだまだ、遥か彼方。

人間を磨き、人間として成長することを求め、
六五年の歳月を歩み続けてきた。

それでも、この山道を登りながら、心に居来する思い。
いずれ、自分は、生涯、この未熟な自分を抱いて歩み、
人生を終えるのではないかとの思い。

しかし、そうした思いを抱き、道を歩む、
一人の未熟な人間に、救いとなる言葉がある。

求道(ぐどう)、これ道(みち)なり

一つの人生において、道を求め、道を求め、道を求め、歩んだ。
その姿は、すでに、道を得ている姿ではないか。

一人の旅人は、この言葉に救われ、支えられながら、歩んできた。

未熟な自分を抱えながらも、成長をめざして歩み続けた姿、
生涯をかけて、人間を磨こうと歩み続けた姿、
その姿こそが、尊い姿なのではないか。

そのことに気づくとき、
「人間成長」という名の山の頂をめざし、
生涯をかけて登り続けた、先人たちの後姿が見える・・。輝いて見える・・。
あの優れた先人たちも、この言葉を支えとして、歩んでいったのではないか。

求道、これ道なり

一人の旅人は、この言葉に救われ、支えられながら、歩んできた。
そして、いま、改めて、思いを定める。
それが、どれほど遅い歩みであろうとも、拙い歩みであろうとも、
この人生を終える、その最期の一瞬まで、歩み続けていこう。

「人間を磨く」

その言葉を胸に。

謝辞

最初に、光文社新書・編集長の三宅貴久さんに、感謝します。
三宅さんとは、二〇一四年に『知性を磨く』を上梓し、
二〇一五年に『人は、誰もが「多重人格」』を上梓しましたが、
この二〇一六年の『人間を磨く』で、三部作の完結です。
いつもながら、しなやかな心で、著者の執筆を支えて頂けること、
このご縁に、心より感謝します。

また、本書の原稿へのコメントを頂いた、藤沢久美さんに、感謝します。
二〇〇〇年六月に、共にシンクタンク・ソフィアバンクを立ち上げてから一六年。
藤沢さんも、あのときの小生の年齢を迎えました。
振り返れば、この一六年の、すべての苦労が糧となっていることに気がつきます。
互いに、人間を磨き、成長をめざしての歩み、まだ山の頂は、遥か彼方です。

そして、いつも温かく執筆を見守ってくれる家族、
須美子、誓野、友に、感謝します。

いま、この富士の地は、桜の季節を終え、新緑の輝きを迎えようとしています。
まだ白い雪の残る富士を眺めるとき、たとえ拙い歩みであろうとも、
高き山の頂をめざして歩む、その人生の有り難さを思います。

最後に、すでに他界した父母に、本書を捧げます。
言葉にならぬほどの苦労を背負われた人生でしたが、
その歩みの中で、お二人が語っていた言葉、
「人は、生涯をかけて、学んでいかなければならないことがある」
その言葉が、いまも、自分の歩みを支えています。
そして、墓前にて、お二人と対話するとき、いつも、静かな癒しが訪れます。

二〇一六年四月一七日

田坂広志

さらに「人間を磨く」ことを求める読者のために

――自著を通じてのガイド――

『人生で起こること　すべて良きこと』（PHP研究所）

人生において、苦労や困難、失敗や敗北、挫折や喪失といった「逆境」に直面したとき、「人生で起こること、すべてに深い意味がある」「人生で出会う人、すべてに深い縁がある」と思い定めるならば、我々は、その体験を糧として、必ず、人間を磨き、成長していける。そして、もし、「人生で起こること、すべて良きこと」と思い定めることができるならば、どのような「逆境」においても、必ず、道は拓ける。

本書では、著者が、三三年前に、大病による「生死の体験」を通じて掴んだ、その「こころの技法」を語った。

人生において、逆境の中にある読者のための一冊。

『知性を磨く』（光文社新書）

「人間を磨く」ということの一つの意味は、「知性を磨く」ということでもある。

では、二一世紀に求められる「知性」とは、何か？

それは、ただ世の中を評論するだけの「解釈の知性」ではなく、目の前の現実を変革することのできる「変革の知性」であろう。そして、「変革の知性」とは、思想、ビジョン、志、戦略、戦術、技術、人間力という「七つのレベルの知性」を垂直統合した知性に他ならない。

本書では、その「七つの知性」をいかにして身につけ、垂直統合するかの技法を語った。

「目の前の現実を変革できる人間」への成長を求める読者のための一冊。


『人は、誰もが「多重人格」』（光文社新書）

「人間を磨く」ということの、もう一つの意味は、「才能を磨く」ということでもある。

そして、「才能を磨く」ために大切なことは、自分の中に眠っている「隠れた才能」を発見し、それを育てていくことである。

では、いかにすれば、その「隠れた才能」を発見し、育てていくことができるのか？

実は、「才能」の本質は、「人格」であり、「性格」である。そして、我々は、誰もが、自分の中に「様々な人格」を持っている。それゆえ、自分の中に眠る「隠れた人格」に気がつき、それを意識的に育てるならば、我々の中の「隠れた才能」が開花していく。

本書では、我々が無意識に、自分の中の「隠れた人格」を抑圧し、「才能の開花」を妨げてしまう心理的プロセスを解き明かし、自分の中に眠る「様々な人格」を育て、「隠れた才能」を開花させていく技法について語った。

自分の中の「隠れた才能」を開花させたい読者のための一冊。

『才能を磨く』と題することのできる本書は、既刊の『知性を磨く』、この『人間を磨く』と併せた三部作である。

『仕事の思想』（ＰＨＰ文庫）

日本には、「仕事を通じて己を磨く」という言葉があるが、日々の仕事を通じて、人間を磨き、人間力を高めていくためには、その根底に、確固とした「仕事の思想」がなければばならない。

では、我々が身につけるべき「仕事の思想」とは、何か。

本書では、そのことを、「思想」「成長」「目標」「顧客」「共感」「格闘」「地位」「友人」「仲間」「未来」という一〇のキーワードを通じて語った。

仕事を通じて人間を磨きたい読者のための一冊。

『仕事の技法』（講談社現代新書）

数ある「仕事の技法」の中でも、最も大切なものは、コミュニケーションの技法。しかし、コミュニケーションの八割は、実は、「言葉以外のメッセージ」によるものであり、「言葉のメッセージ」によるものは、二割にすぎない。では、どうすれば、相手からの「言葉以外のメッセージ」を感じ取ることができるか？

本書では、それを「深層対話の技法」として、数多くの事例とともに、具体的な技法を語った。

日々の「コミュニケーション」を通じて人間を磨きたい読者のための一冊。

『未来を拓く君たちへ』（ＰＨＰ文庫）

なぜ、我々は「志」を抱いて生きるのか？

もし、我々が、真に「志」を抱いて生きるならば、「悔いの無い人生」「満たされた人生」「香りのある人生」「大いなる人生」「成長し続ける人生」という五つの人生を生きることができる。

本書では、その五つの生き方を、壮大な宇宙観や自然観、歴史観や世界観、深い人間観や人生観、労働観や死生観を交え、全編を「詩的メッセージ」の形式で語った。

「志を抱く」ことを通じて人間を磨きたい読者のための一冊。

英語やスペイン語にも翻訳され、世界中で読まれている著作。

『なぜ、働くのか』（ＰＨＰ文庫）

仕事において誰もが抱く問い、「なぜ、働くのか」という問いは、それを深く問うならば、究極、「なぜ、生きるのか」という根源的な問いに結びついていく。

本書では、「人は、必ず死ぬ」「人生は、一回しか無い」「人は、いつ死ぬか分からない」という、人生における「三つの真実」を見つめ、その「死生観」の深みから「働く」ことの意味を語った。

極限の「死生観」を通じて人間を磨きたい読者のための一冊。

『人生の成功とは何か』（ＰＨＰ研究所）と併せて読むと、さらに深い学びとなる著作。

『なぜ、マネジメントが壁に突き当たるのか』（東洋経済新報社・ＰＨＰ文庫）

マネジメントや経営が壁に突き当たるのは、多くの場合、そのマネジャーや経営者が、「暗黙知」と呼ばれる「言葉に表せない智恵」を身につけていないことが原因である。

本書では、その「暗黙知」を身につけるために、マネジャーや経営者が掴むべき「一二の心得」を、現場での様々なエピソードを通じて語った。

マネジメントや経営の道を通じて人間を磨きたい読者のための一冊。

『なぜ、我々はマネジメントの道を歩むのか』（ＰＨＰ研究所）と併せて読むと、さらに深い学びとなる著作。

「人生」を語る

『深き思索　静かな気づき』（ＰＨＰ研究所）
『自分であり続けるために』（ＰＨＰ研究所）
『未来を拓く君たちへ』（単行本：くもん出版／文庫本：ＰＨＰ研究所）
『いかに生きるか』（ソフトバンク・クリエイティブ）
『人生の成功とは何か』（ＰＨＰ研究所）
『人生で起こること　すべて良きこと』（ＰＨＰ研究所）

「仕事」を語る

『仕事の思想』（ＰＨＰ研究所）
『なぜ、働くのか』（ＰＨＰ研究所）
『仕事の報酬とは何か』（ＰＨＰ研究所）
『これから働き方はどう変わるのか』（ダイヤモンド社）
『なぜ、時間を生かせないのか』（ＰＨＰ研究所）

「成長」を語る

『知性を磨く　「スーパージェネラリスト」の時代』（光文社）
『人は、誰もが「多重人格」』（光文社）
『知的プロフェッショナルへの戦略』（講談社）
『プロフェッショナル進化論』（ＰＨＰ研究所）
『成長し続けるための７７の言葉』（ＰＨＰ研究所）

「技法」を語る

『仕事の技法』（講談社）
『経営者が語るべき「言霊」とは何か』（東洋経済新報社）
『ダボス会議に見る世界のトップリーダーの話術』（東洋経済新報社）
『意思決定　１２の心得』（ＰＨＰ研究所）
『企画力』（ＰＨＰ研究所）
『営業力』（ダイヤモンド社）

主要著書

「思想」を語る

『生命論パラダイムの時代』（ダイヤモンド社）
『まず、世界観を変えよ』（英治出版）
『複雑系の知』（講談社）
『ガイアの思想』（生産性出版）
『忘れられた叡智』（ＰＨＰ研究所）
『使える弁証法』（東洋経済新報社）

「未来」を語る

『未来を予見する「５つの法則」』（光文社）
『未来の見える階段』（サンマーク出版）
『目に見えない資本主義』（東洋経済新報社）
『これから何が起こるのか』（ＰＨＰ研究所）
『これから知識社会で何が起こるのか』（東洋経済新報社）
『これから日本市場で何が起こるのか』（東洋経済新報社）

「戦略」を語る

『まず、戦略思考を変えよ』（ダイヤモンド社）
『これから市場戦略はどう変わるのか』（ダイヤモンド社）

「経営」を語る

『複雑系の経営』（東洋経済新報社）
『暗黙知の経営』（徳間書店）
『なぜ、マネジメントが壁に突き当たるのか』（ＰＨＰ研究所）
『なぜ、我々はマネジメントの道を歩むのか』（ＰＨＰ研究所）
『こころのマネジメント』（東洋経済新報社）
『ひとりのメールが職場を変える』（英治出版）

著者情報

田坂塾への入塾

思想、ビジョン、志、戦略、戦術、技術、人間力という
「現実を変革する七つの知性」を学ぶ場
「田坂塾」への入塾を希望される方は
下記のアドレスへ

tasakajuku@hiroshitasaka.jp

「風の便り」の配信

著者の定期メール「風の便り」の
配信を希望される方は
下記のサイトへ

「未来からの風フォーラム」
http://www.hiroshitasaka.jp

ご意見・ご感想の送付

著者へのご意見やご感想は
下記の個人アドレスへ

tasaka@hiroshitasaka.jp

講演の視聴

著者の講演を視聴されたい方は、下記のサイトへ

You Tube「田坂広志　公式チャンネル」

著者略歴

田坂広志（たさかひろし）

1951年生まれ。1974年、東京大学工学部卒業。
1981年、東京大学大学院修了。工学博士（原子力工学）。
同年、民間企業入社。
1987年、米国シンクタンク、バテル記念研究所客員研究員。
同年、米国パシフィック・ノースウェスト国立研究所客員研究員。
1990年、日本総合研究所の設立に参画。
10年間に、延べ702社とともに、20の異業種コンソーシアムを設立。
ベンチャー企業育成と新事業開発を通じて
民間主導による新産業創造に取り組む。
取締役・創発戦略センター所長等を歴任。現在、同研究所フェロー。
2000年、多摩大学大学院教授に就任。社会起業家論を開講。
同年、21世紀の知のパラダイム転換をめざす
シンクタンク・ソフィアバンクを設立。代表に就任。
2003年、社会起業家の育成と支援を通じて社会の変革をめざす、
社会起業家フォーラムを設立。代表に就任。
2005年、米国ジャパン・ソサエティより、日米イノベーターに選ばれる。
2008年、ダボス会議を主催する世界経済フォーラムの
Global Agenda Councilのメンバーに就任。
2009年より、ＴＥＤメンバーとして、毎年、ＴＥＤ会議に出席。
2010年、ダライ・ラマ法王、デズモンド・ツツ大司教、
ムハマド・ユヌス博士、ミハイル・ゴルバチョフ元大統領ら、
4人のノーベル平和賞受賞者が名誉会員を務める
世界賢人会議ブダペスト・クラブの日本代表に就任。
2011年、東日本大震災と福島原発事故に伴い、内閣官房参与に就任。
2013年、思想、ビジョン、志、戦略、戦術、技術、人間力という
「現実を変革する七つの知性」を学ぶ場、
「田坂塾」を開塾。
現在、全国から2800名を超える経営者やリーダーが集まっている。
著書は、国内外で80冊余り。
海外でも旺盛な出版と講演の活動を行っている。

田坂広志（たさかひろし）

1951年生まれ。'74年東京大学卒業。'81年同大学院修了。工学博士（原子力工学）。'87年米国シンクタンク・バテル記念研究所客員研究員。'90年日本総合研究所の設立に参画。取締役等を歴任。2000年多摩大学大学院の教授に就任。同年シンクタンク・ソフィアバンクを設立。代表に就任。'05年米国Japan SocietyよりUS-Japan Innovatorsに選ばれる。'08年世界経済フォーラム（ダボス会議）Global Agenda Councilのメンバーに就任。'10年世界賢人会議ブダペスト・クラブの日本代表に就任。'11年東日本大震災に伴い内閣官房参与に就任。'13年「現実を変革する7つの知性」を学ぶ場「田坂塾」を開塾。

人間を磨く　人間関係が好転する「こころの技法」

2016年5月20日初版1刷発行

著　者 ── 田坂広志

発行者 ── 駒井　稔

装　幀 ── アラン・チャン

印刷所 ── 堀内印刷

製本所 ── 榎本製本

発行所 ── 株式会社光文社

東京都文京区音羽1-16-6（〒112-8011）

http://www.kobunsha.com/

電　話 ── 編集部03(5395)8289　書籍販売部03(5395)8116

業務部03(5395)8125

メール ── sinsyo@kobunsha.com

ISBN 978-4-334-03922-6

光文社新書

807
残念な警察官
内部の視点で読み解く組織の失敗学
古野まほろ
元警察官僚の作家が読み解く、日本警察史に名を遺した「四大不祥事」。単なる批判や擁護ではない分析から見えてくるものとは何か？ 誰も語らなかった日本警察論！
978-4-334-03910-3

808
漢和辞典の謎
漢字の小宇宙で遊ぶ
今野真二
漢和辞典と漢字辞典は何が違うのか？ 画数の多い漢字No.1は？ 目当ての字に辿り着けない拷問……⁉ こざとへんはこざるへんだった⁉ 時空を超えたことばの世界を大解剖！
978-4-334-03911-0

809
戦場カメラマンの仕事術
渡部陽一
ますます危険が高まる戦場取材。必ず生きて帰って「伝える」ため、著者はいかに危機管理と任務を遂行しているのか。方法論を披露。恩師ジャーナリストたちとの対談集付き。
978-4-334-03912-7

810
下流老人と幸福老人
資産がなくても幸福な人
資産があっても不幸な人
三浦展
現在の日本の下流社会的状況の中から、65歳以上の高齢者の下流化の状況を分析するとともに、お金はないが幸福な老人になる条件は何かを考える。藤野英人氏との対談を収録。
978-4-334-03913-4

811
会社の中はジレンマだらけ
現場マネジャー「決断」のトレーニング
本間浩輔　中原淳
「仕事をしないおじさんの給料はなぜ高い？」「なぜ産休の人員補充がない？」。会社のジレンマから抜け出し、決断する術を、人材開発の俊英が解き明かす。現場マネジャーを楽にする一冊。
978-4-334-03914-1

812
地域再生の失敗学
飯田泰之　木下斉　川崎一泰　入山章栄　林直樹　熊谷俊人

今、本当に必要なのは民間主導の地域の魅力を生かす活性化策だ！　気鋭の経済学者が、一線級の学者、事業家、政治家らと徹底議論し、怪しい政策に騙されないための考え方を示す。

978-4-334-03915-8

813
貧血大国・日本
放置されてきた国民病の原因と対策
山本佳奈

鉄は人間の体にとって極めて重要な栄養素。世界では鉄の欠乏を予防する対策がとられているが、日本は「ほぼ無策」。これまで見過ごされてきたその実態、危険性、対処法を綴る。

978-4-334-03916-5

814
年上の義務
山田玲司

「威張らない」「愚痴らない」「ご機嫌でいる」。人気漫画家が各界の有名人への取材を続ける中で導いた、この国をよくするために「大人」が果たすべきたった3つの義務を伝授！

978-4-334-03917-2

815
闇経済の怪物たち
グレービジネスでボロ儲けする人々
溝口敦

出会い系・イカサマ・仮想通貨etc. 法律スレスレの世界で、荒稼ぎする企業家たち――現代の「欲望」を糧として躍動する彼らの知られざる実態に、極道取材の第一人者が迫る！

978-4-334-03918-9

816
掃除と経営
歴史と理論から「効用」を読み解く
大森信

たかが掃除、されど掃除――。日本の名経営者たちは、なぜ掃除や整理整頓を大切にしてきたのか。歴史と最新理論から、組織における〈目には見えないけれども大切なこと〉を考察。

978-4-334-03919-6

光文社新書

817
広島カープ　最強のベストナイン
二宮清純

名うてのカープウォッチャーがOB・現役の中からベストナインを決定。投手は先発3人、中継ぎ・抑えを各1人、さらに監督も加え、計14人の超個性派たちの熱き言葉をレポート！

978-4-334-03920-2

818
「がん」では死なない「がん患者」
栄養障害が寿命を縮める
東口髙志

病院で栄養不良がつくられ、がん患者の大半が感染症で亡くなっている――。栄養軽視の医療に警鐘を鳴らし、がんを抱えてでも、本来の寿命まで生き切るためのヒントを教える。

978-4-334-03921-9

819
人間を磨く
人間関係が好転する「こころの技法」
田坂広志

なぜ、欠点の多い人間が好かれるのか？　なぜ、「嫌いな人」を好きになれるのか？　今すぐ実践できる「7つの技法」が、あなたの人間関係と人生を良きものへと導く。

978-4-334-03922-6

820
本物の教育
偏差値30からの京大現役合格
林純次　阪本凌也

コミュ障で、いじめられ、中学受験も失敗。そんな自分(阪本)が高校で先生(林)に出会い、京大に進んだ、学びの物語――。ベストセラー『残念な教員』の著者による、新たな教育論。

978-4-334-03923-3

821
語彙力を鍛える
量と質を高めるトレーニング
石黒圭

語彙力のある人とは、言葉の数が多いだけでなく、適切な語を選択する力がある人。脳内の辞書を豊かにし、使用可能な語を増やし、それを効果的に表現に活用する22のメソッドを伝授。

978-4-334-03924-0